DOPAMINA
EXPERIENCE

REGIANE PIROLI
LEANDRO MESQUITA

DOPAMINA EXPERIENCE

A QUÍMICA DO SUCESSO PARA ACELERAR SEUS RESULTADOS NOS NEGÓCIOS

figurati

São Paulo, 2023

Dopamina Experience - A química do sucesso para acelerar seus resultados nos negócios
Copyright © 2023 by Regiane Piroli / Leandro Mesquita
Copyright © 2023 by Novo Século Ltda.

EDITOR: Luiz Vasconcelos
COORDENAÇÃO EDITORIAL: Silvia Segóvia
PREPARAÇÃO: Adriana Bernardino
REVISÃO: Tássia Carvalho
DIAGRAMAÇÃO: Vanúcia Santos
CAPA: Ian Laurindo

Texto de acordo com as normas do Novo Acordo Ortográfico da Língua Portuguesa (1990), em vigor desde 1º de janeiro de 2009.

Dados Internacionais de Catalogação na Publicação (CIP)
Angélica Ilacqua CRB-8/7057

```
Piroli, Regiane
    Dopamina experience : a química do sucesso para
acelerar seus resultados nos negócios / Regiane Piroli,
Leandro Mesquita. -- Barueri, SP : Novo Século Editora,
2023.
    184 p.

ISBN 978-65-5561-600-2

1. Sucesso nos negócios I. Título II. Mesquita, Leandro

23-4973                                          CDD 650.1
```

Índices para catálogo sistemático:

1. Sucesso nos negócios

Alameda Araguaia, 2190 – Bloco A – 11º andar – Conjunto 1111
CEP 06455-000 – Alphaville Industrial, Barueri – SP – Brasil
Tel.: (11) 3699-7107 | E-mail: atendimento@gruponovoseculo.com.br
www.gruponovoseculo.com.br

AGRADECIMENTOS

Agradecemos primeiro a Deus por nos ter dado a vida e permitir que vivamos experiências incríveis em nossa jornada, as quais nos inspiraram a escrever este livro. Agradecemos aos nossos pais e à nossa família por todo apoio e torcida, bem como aos nossos parceiros e clientes que confiaram em nós e nos ajudaram a transformar tudo isso em uma grande realidade.

SUMÁRIO

INTRODUÇÃO 9
A VIDA É UMA EXPERIÊNCIA.. 9

1. A DOPAMINA E SUA IMPORTÂNCIA EM NOSSAS VIDAS......... 15

2. DOPAMINA NOS NEGÓCIOS 21
   2.1 O QUE É DOPAMINA?... 30
   2.2 COMO A DOPAMINA BENEFICIA OS NEGÓCIOS?............. 34
   2.3 MOMENTO DO ÁPICE.. 37

3. EMPRESAS LUCRO-*DRIVEN* E EQUILÍBRIO-*DRIVEN*.............. 41
   3.1 DNA DOS NEGÓCIOS.. 56
   3.2 LIDERANÇA COM PRINCÍPIOS 59

4. A EXPERIÊNCIA É A NOVA ALMA DO NEGÓCIO................ 67
   4.1 AMBIENTES QUE TRANSFORMAM 72
   4.2 O PODER DO ENCANTAMENTO 80
   4.3 ARQUÉTIPOS E EMPRESAS QUE INSPIRAM.................. 84
        4.3.1 Arquétipo do mago 89
        4.3.2 Arquétipo do fora da lei................................. 93
        4.3.3 Arquétipo do herói 102

5. DOPAMINA *EXPERIENCE* 119

6. *BIG IDEA* 133
   6.1 TUDO PARTE DE UMA IDEIA 137
   6.2 OFERTA.. 141
   6.3 DIFERENCIAL.. 144

7. PROPÓSITO **151**
   7.1 O PESO DO PROCESSO 158

CONCLUSÃO **171**

REFERÊNCIAS BIBLIOGRÁFICAS **179**

INTRODUÇÃO

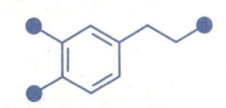

A VIDA É UMA EXPERIÊNCIA

"O homem prudente aproveita a sua experiência; o homem sábio aproveita a experiência dos outros."

John Collins

A palavra *experiência* pode ser definida como qualquer vivência que uma pessoa tem ao interagir com o mundo ao seu redor, incluindo sensações, emoções, percepções e pensamentos. Experiência pode ser vivida tanto no plano físico quanto no mental e ser influenciada por diversos fatores, como ambiente, cultura, história pessoal e aspectos biológicos.

A experiência é fundamental para a aprendizagem e o desenvolvimento humano, pois permite que as pessoas construam um conhecimento do entorno e das interações entre as pessoas e os objetos. Por meio da experiência, as pessoas podem aprender a lidar com novas situações, resolver problemas e tomar decisões embasadas. A experiência também pode influenciar a forma como as pessoas veem a si mesmas e aos outros, além de moldar suas crenças, valores e atitudes. E no mundo dos negócios não é diferente.

Atuando há mais de dez anos no mercado de vendas na internet, em todos os projetos que realizamos e que nos fizeram ter resultados exponenciais, havia um diferencial, uma experiência única e diferenciada na venda de um produto ou serviço de sucesso. Essa diferença era notável no produto, na oferta, ou na própria jornada de compra, ou, até mesmo, na entrega.

Vender não é uma arte, é uma ciência. Aqueles que se dedicarem a aplicar métodos e princípios com comprometimento, dificilmente terão grandes barreiras em fazer seu negócio crescer e expandir.

Desde os fundamentos da lei da oferta e da procura até o posicionamento de uma marca no mercado, o mundo digital trouxe alguns componentes encadeados que não podem ser ignorados no processo de vendas.

Esses novos componentes são: o engajamento, a experiência e a conversão. Curtidas, likes e seguidores são algumas das ações que medem engajamento na internet. Quanto mais interação, maior a conversão de vendas.

A forma como você apresenta e lança o seu produto, os diversos gatilhos usados, formas de ofertar e modelo de conversão são uma parte daquilo que chamamos de experiência do usuário.

Fazer pessoas se engajarem em uma causa ou comunidade, comprar um produto, indicar algo para seus amigos é uma forma de se medir a conversão por meio da internet.

Saber vender é saber influenciar e, além de tudo, saber proporcionar uma experiência única na jornada de compra de seus clientes, dominar isso, é um diferencial para poucos. Antigamente, dizia-se que a propaganda é a alma do negócio. Hoje, nós acreditamos que a experiência passou a ganhar um destaque especial nesse novo cenário digital.

Nos negócios, o momento ápice da dopamina pode ocorrer quando um projeto é concluído com sucesso, quando se fecha uma venda importante, quando se conquista um novo cliente ou parceiro de negócios, quando se consegue superar desafios e alcançar resultados positivos.

É dentro desse contexto que apresentamos o conceito do Dopamina *Experience*. Com ele, nós queremos ajudar você a ter um novo olhar sobre o seu negócio, sobre o mercado e os seus clientes.

Nossa intenção é apresentar a importância de você revolucionar os resultados de sua empresa partindo do princípio simples da experiência que ativa o prazer e a satisfação no seu negócio por meio de você, de sua equipe e seus clientes.

As pessoas adoram comprar, mas odeiam que vendam algo para elas.

1

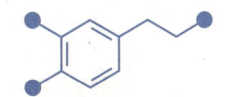

A DOPAMINA E SUA IMPORTÂNCIA EM NOSSAS VIDAS

"Quando alguma coisa é importante o suficiente, nós fazemos com que ela aconteça mesmo que tudo esteja contra."

Elon Musk

Neste capítulo, vamos explorar em detalhes o papel fundamental da dopamina e sua importância em nossas vidas. Vamos embarcar em uma jornada de descoberta e compreensão sobre como esse neurotransmissor influencia nossas emoções, motivação e bem-estar geral.

O que é dopamina?

Para começar, vamos entender o que exatamente é a dopamina. Descoberta em 1957 pelo neurofarmacologista sueco Arvid Carlsson, a dopamina é um neurotransmissor presente no cérebro humano e desempenha um papel vital em várias funções. Ela está relacionada ao sistema de recompensa do cérebro e desempenha um papel essencial na regulação do humor, da motivação, do aprendizado, do prazer e das emoções.

O ciclo de recompensa e a dopamina

Quando realizamos atividades prazerosas ou atingimos metas, o cérebro libera dopamina, gerando uma sensação de prazer e recompensa. Essa sensação nos motiva a buscar mais experiências gratificantes, impulsionando nosso comportamento e promovendo a repetição de atividades que nos proporcionaram prazer.

A importância da dopamina para a motivação

A dopamina desempenha um papel crucial na motivação. Quando nossa dopamina está equilibrada, nós nos sentimos motivados e entusiasmados para alcançar nossos objetivos. Ela nos impulsiona a buscar novos desafios, superar obstáculos e buscar o crescimento pessoal e profissional constantemente.

A dopamina e as emoções

A dopamina também influencia nossas emoções. Quando temos níveis saudáveis de dopamina, experimentamos emoções positivas, como alegria, satisfação e felicidade. Por outro lado, quando nossos níveis de dopamina estão desequilibrados, podemos experimentar emoções negativas, como ansiedade, depressão e apatia.

Estratégias para aumentar a dopamina

Existem várias estratégias que podemos adotar para aumentar os níveis de dopamina em nossas vidas. Neste capítulo, exploraremos algumas dessas estratégias, incluindo a prática regular de exercícios físicos, a busca por atividades prazerosas, a alimentação adequada, a criação de metas alcançáveis e o cultivo de relacionamentos positivos.

O papel da dopamina no sucesso profissional

Além de impactar nossas emoções e motivação pessoal, a dopamina também desempenha um papel fundamental no sucesso profissional. Ela nos ajuda a manter o foco, a superar desafios, a buscar oportunidades e a alcançar metas profissionais. Vamos explorar como podemos utilizar a dopamina como uma ferramenta para impulsionar nosso desempenho e alcançar o sucesso em nossa carreira.

Dopamina e bem-estar geral

Por fim, vamos discutir como uma abordagem equilibrada e saudável em relação à dopamina pode contribuir para nosso bem-estar geral. Aprender a gerenciar nossos níveis de dopamina e cultivar um estilo de vida que promova um equilíbrio entre o prazer imediato e metas de longo prazo é essencial para alcançar uma vida feliz e gratificante.

Esperamos que este capítulo tenha fornecido uma visão abrangente sobre a dopamina e sua importância em nossas vidas. Ao compreender como a dopamina influencia nossas emoções, motivação e bem-estar, podemos começar a utilizar esse conhecimento para aprimorar nossa qualidade de vida e alcançar um maior senso de felicidade e realização. Nos próximos capítulos, exploraremos ainda mais o poder da dopamina e como podemos aproveitá-la para criar uma vida extraordinária, inclusive nos negócios.

2

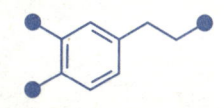

DOPAMINA NOS NEGÓCIOS

"Sucesso não é o final, falhar não é fatal: é a coragem para continuar que conta."
Winston Churchill

Você já se perguntou por que algumas pessoas parecem ter mais sucesso do que outras nos negócios? Por que algumas empresas prosperam rapidamente, enquanto outras fracassam aos poucos? Acreditamos que muitos dos livros que você já leu sobre como alçar voos mais altos nos negócios fizeram essas perguntas. Agora, nós te perguntamos: você já imaginou o que, de fato, diferencia esses dois cenários?

A grande diferença entre uma empresa que prospera e uma empresa que fracassa está no resultado conquistado e no sentimento que o acompanha.

Empresas que vivem um ciclo de prosperidade acertaram, de algum modo, no seu produto e serviço, descobriram o caminho das vendas, souberam identificar oportunidades e souberam crescer em meio aos desafios.

Os sentimentos gerados em pessoas que atuam em empresas com ciclo de prosperidade são: prazer, conquista, satisfação e realização.

A satisfação e a realização são elementos extremamente poderosos para os donos de negócios. Vejamos por quê:

- **Motivação e produtividade:** sentir-se satisfeito e realizado com o próprio negócio pode resultar em um aumento na motivação para continuar a trabalhar duro e melhorar. Isso pode levar a um aumento na produtividade, que, por sua vez, pode resultar em um melhor desempenho dos negócios.

- **Retenção de funcionários:** empresários que estão satisfeitos e realizados com seu negócio têm mais probabilidade de criar um ambiente de trabalho positivo. Isso pode resultar em maior satisfação dos funcionários e, portanto, em menor rotatividade de pessoal.
- **Atração de investimentos:** os investidores são atraídos por negócios bem-sucedidos, dirigidos por proprietários apaixonados e comprometidos. A satisfação e a realização podem ser indicativos de paixão e comprometimento.
- **Resiliência:** nos negócios, as coisas nem sempre ocorrem como planejado. A satisfação e a realização podem ajudar os proprietários de negócios a terem a resiliência necessária para superar obstáculos e continuar em frente, mesmo em tempos difíceis.
- **Satisfação do cliente:** os donos de negócios que são apaixonados e satisfeitos com o que fazem são mais propensos a oferecer um produto ou serviço de alta qualidade, o que pode resultar em maior satisfação do cliente. E clientes satisfeitos tendem a fazer recomendações e repetir negócios.

Um cliente satisfeito é a melhor estratégia de negócios.

Portanto, a satisfação e a realização não são apenas benéficas para os proprietários de negócios em um nível pessoal. Elas podem ter um impacto positivo significativo também nos negócios como um todo.

Por outro lado, viver um ciclo de fracasso significa que as empresas não conseguiram encontrar um caminho sustentável em seu mercado de atuação.

Os sentimentos gerados em pessoas que atuam em empresas com ciclo de fracasso são: frustração, ansiedade, preocupação, impotência, desânimo e medo.

Essas emoções são comuns entre os donos de empresas e têm o potencial de afetar significativamente o desempenho do negócio. Vejamos como:

- **Decisões precipitadas:** a frustração e a preocupação podem levar a decisões precipitadas. Quando os donos de negócios estão frustrados ou preocupados, podem tomar decisões sem considerar totalmente todas as implicações, o que pode prejudicar o negócio.
- **Redução da produtividade:** o desânimo e o medo podem resultar em uma redução na motivação e, por consequência, na produtividade. Quando os donos de negócios se sentem desanimados ou com medo, podem ter dificuldade em manter o foco

em suas tarefas, o que pode impactar negativamente o desempenho do negócio.
- **Impacto sobre a equipe:** as emoções do dono do negócio podem afetar a equipe. Se o dono está constantemente frustrado, preocupado, desanimado ou com medo, isso pode criar um ambiente de trabalho negativo, o que pode levar a uma baixa moral e produtividade dos funcionários.
- **Estratégia de negócios:** o medo, em particular, pode levar a uma abordagem de negócios mais conservadora. Embora isso possa ser bom em algumas situações, também pode impedir o negócio de assumir riscos que poderiam resultar em crescimento e inovação.

Vale lembrar, entretanto, que essas emoções também podem ser um gatilho para mudanças e melhorias. A frustração pode levar a buscar novas soluções. A preocupação pode levar a planejamentos e preparações mais cuidadosos. O desânimo pode ser um sinal de que algo precisa mudar. E o medo pode levar a uma avaliação cuidadosa dos riscos.

É importante que os donos de negócios reconheçam e gerenciem essas emoções de maneira eficaz.

"Se você tem as pessoas erradas, não importa se você descobriu a direção certa; mesmo assim, não terá uma empresa excelente. Uma grande visão sem grandes pessoas é irrelevante. Visão sem as pessoas certas gera frustração e insucesso."

Jim Collins

Os resultados determinam o sucesso e o fracasso das organizações, gerando sentimentos que podem alavancar ainda mais os resultados do seu ciclo.

Então, a pergunta que fica é: como reverter o ciclo de fracasso de uma empresa? Como alavancar ainda mais o ciclo de prosperidade em empresas que dão resultado positivo?

Em seu livro *The Happiness Advantage*, o autor Shawn Achor faz a seguinte abordagem sobre a psicologia positiva nos negócios:

> Nossa fórmula mais comumente aceita para o sucesso está quebrada. A sabedoria convencional sustenta que, se trabalharmos duro, seremos mais bem-sucedidos, e se formos mais bem-sucedidos, então seremos felizes. Se pudermos apenas encontrar aquele ótimo emprego, ganhar a próxima promoção, perder aqueles cinco quilos, a felicidade virá. Mas descobertas recentes no campo da psicologia positiva mostraram que essa fórmula é, na verdade, ao contrário: a felicidade impulsiona o sucesso, e não o contrário. Quando estamos positivos, nossos cérebros se tornam mais engajados, criativos, motivados, energéticos, resilientes e produtivos no trabalho. Isso não é apenas um mantra vazio. Essa descoberta tem sido repetidamente confirmada por

pesquisas rigorosas em psicologia e neurociência, estudos de gestão e resultados finais de organizações ao redor do globo.

Sob esse contexto, chegamos à seguinte conclusão: negócios são feitos por pessoas que, além de objetivos e propósitos, precisam de boa saúde emocional.

2.1 O QUE É DOPAMINA?

A dopamina é um tipo de substância química produzida pelas células nervosas do cérebro. Essa substância desempenha um papel importante no sistema nervoso central, afetando as funções motoras, cognitivas e emocionais.

Frequentemente, ela é associada ao vício em drogas e comportamentos compulsivos, mas, na verdade, a dopamina é um mecanismo natural do nosso corpo, um neurotransmissor liberado no cérebro quando experimentamos sensações de prazer, satisfação ou sucesso, que nos motiva a buscar mais daquilo que nos traz satisfação e felicidade.

Por meio dessas sensações é possível perceber o importante papel da dopamina no sucesso dos negócios, tanto no nível individual quanto no nível da empresa.

> De todo capital necessário para se ter um negócio de sucesso, o capital humano é o mais importante a ser investido.

Ter uma mentalidade positiva e motivada pode aumentar a liberação de dopamina no cérebro, ajudando a manter o engajamento com as pessoas. Além disso, a criação de um ambiente de trabalho positivo e recompensador pode estimular a liberação de dopamina nos colaboradores e, consequentemente, aumentar a produtividade e a motivação no trabalho.

Quando aplicada ao contexto de negócios, a dopamina pode despertar várias reações positivas no cérebro das pessoas, incluindo:

Motivação: quando uma pessoa experimenta a liberação de dopamina no cérebro, pode se sentir mais motivada a buscar objetivos e desafios, o que, por sua vez, contribui para o aumento na produtividade e no engajamento no trabalho.

Satisfação: a dopamina também está associada a sensações de satisfação e prazer. Quando as pessoas experimentam essa sensação no ambiente de trabalho, elas tendem a se sentir mais satisfeitas e felizes com suas atividades, o que pode aumentar a retenção de funcionários e a redução do *turnover*.

Foco: a dopamina também pode ajudar a melhorar o foco e a atenção, permitindo que as pessoas se concentrem melhor nas tarefas e metas que precisam ser alcançadas.

A motivação é a força propulsora por trás da produtividade e do crescimento profissional.

Resiliência: a dopamina pode ajudar a promover a resiliência mental, auxiliando as pessoas a superar obstáculos e a perseverar em face de desafios.

Criatividade: a dopamina também está associada à criatividade e à inovação. Quando ocorre a liberação de dopamina no cérebro, é possível que as pessoas se sintam mais criativas e inspiradas, estimulando, assim, a geração de novas ideias e soluções inovadoras.

Neste livro, vamos explorar as diferentes maneiras pelas quais a dopamina pode ser inserida nos negócios e, com isso, ajudar a promover o sucesso de forma mais prática.

2.2 COMO A DOPAMINA BENEFICIA OS NEGÓCIOS?

Os negócios são impulsionados pelas pessoas. A cultura e o ambiente organizacional desempenham um papel fundamental na moldagem da identidade de cada empresa. Compreendemos, portanto, que os sentimentos de prazer, realização, sucesso e superação têm um impacto direto nos resultados alcançados pelas organizações.

Ao entender como a dopamina é desencadeada e como ela afeta o comportamento humano, os líderes e empreendedores

Um ambiente de trabalho com alto engajamento é um terreno fértil para a criatividade, inovação e excelência.

podem criar estratégias eficazes para estimular a motivação, a produtividade e o engajamento das pessoas.

A seguir, podemos identificar o efeito dopamina em diversos momentos da empresa:

- Ao criar uma experiência de compra positiva, proporcionando um atendimento ao cliente excelente e uma comunicação clara e amigável;
- Na oferta de promoções e descontos especiais para os clientes, gerando neles a sensação de ganho ou economia;
- No desenvolvimento de produtos ou serviços que resolvam problemas ou atendam a uma necessidade do cliente, gerando a sensação de alívio ou satisfação;
- Ao utilizar recursos visuais, sonoros e interativos em sites, aplicativos e redes sociais para estimular a interação do cliente com a marca e gerar uma sensação de prazer e diversão;
- Na criação de um senso de pertencimento, comunidade e conexão com a marca, por meio de eventos, programas de fidelidade, grupos de discussão e outras iniciativas que geram um sentimento de identificação e de se sentir parte.

2.3 MOMENTO DO ÁPICE

O pico de liberação de dopamina nos negócios pode variar conforme o contexto e as preferências individuais. No entanto, de forma geral, esse pico ocorre quando há uma expectativa de recompensa ou quando um objetivo é alcançado com sucesso.

No ambiente empresarial, o auge da dopamina pode ser experimentado ao concluir com êxito um projeto, fechar uma venda significativa, receber feedback positivo de um cliente satisfeito ou conquistar um novo cliente ou parceiro comercial. Além disso, a dopamina pode ser liberada durante o processo criativo de inovação e resolução de problemas, quando se consegue superar desafios e alcançar resultados positivos.

A duração desse momento de liberação de dopamina pode variar de acordo com uma série de fatores, tais como: a intensidade do estímulo, a sensibilidade dos receptores de dopamina e as características de cada pessoa, de como a empresa vai tratar isso.

Os efeitos duradouros da dopamina no desempenho dos negócios dependem de vários outros fatores, como o planejamento estratégico, a consistência e o comprometimento com as pessoas e com metas a longo prazo.

Objetivos alcançados são as pedras fundamentais que constroem uma vida de realizações.

É importante buscar um equilíbrio entre o prazer imediato e o sucesso a longo prazo, mantendo o foco em objetivos sustentáveis e em uma visão clara do futuro.

3

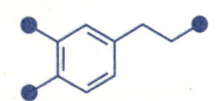

EMPRESAS LUCRO-*DRIVEN* e EQUILÍBRIO-*DRIVEN*

"Eu tentei 99 vezes e falhei, mas na centésima tentativa eu consegui, nunca desista de seus objetivos mesmo que esses pareçam impossíveis, a próxima tentativa pode ser a vitoriosa."
Albert Einstein

Ao analisarmos as organizações como um todo, podemos identificar dois tipos distintos de empresas: as lucro-*driven* e as equilíbrio-*driven*.

As empresas lucro-*driven* estão focadas principalmente em gerar lucro e resultados financeiros. Elas tomam decisões e conduzem suas ações com o intuito de maximizar os lucros, muitas vezes à custa de aspectos como ética, bem-estar dos colaboradores e responsabilidade social. Esse tipo de empresa pode acabar enfrentando o efeito de "sobrepeso", à medida que se concentra excessivamente no lucro, acumulando atividades desconexas e crescendo desordenadamente em seus processos e pessoas.

Por outro lado, as empresas equilíbrio-*driven* buscam um equilíbrio saudável entre o lucro, os processos e as pessoas. Elas reconhecem que a geração de resultados financeiros é importante, mas também priorizam a criação de um ambiente de trabalho positivo, a satisfação dos clientes e a contribuição para a sociedade. Essas empresas têm uma visão mais ampla e procuram conciliar os interesses financeiros com os valores e princípios éticos, evitando o desequilíbrio e o crescimento desordenado.

É importante destacar que o sucesso de uma empresa não se resume apenas aos resultados financeiros. Uma abordagem equilibrada, que considere o impacto social, o bem-estar dos colaboradores e a ética nos negócios, é essencial para uma atuação sustentável a longo prazo. Dessa forma, as empresas equilíbrio-*driven* buscam não apenas o lucro imediato, mas também a construção de uma cultura organizacional sólida e o desenvolvimento de relações de confiança com seus *stakeholders*.[1]

Em resumo, classificar as empresas como lucro-*driven* ou equilíbrio-*driven* nos ajuda a compreender diferentes abordagens empresariais e ressaltar a importância de considerar não apenas o lucro, mas também os processos, as pessoas e o impacto social como elementos fundamentais para o sucesso e a sustentabilidade das organizações.

Empresas com sobrepeso enfrentam dificuldades para evoluir, pois tendem a criar processos rígidos e equipes desalinhadas que não se desenvolvem dentro da organização. Além disso, acabam se tornando dependentes de clientes que impedem seu crescimento, acreditando erroneamente que sem eles a empresa não

---

[1] Grupos ou indivíduos que têm um interesse ou são afetados pelas atividades de uma empresa ou organização.

sobreviverá. Essa questão está intrinsecamente ligada aos valores organizacionais, pois as demais empresas compreendem que suportar esse peso é inviável e não deve ser mantido.

No cenário corporativo contemporâneo, é imprescindível analisar a estrutura de uma empresa de lucro-*driven*. Nesse modelo, é comum encontrar diversos setores, cada um com um chefe, mas nem sempre um líder. Os funcionários são remunerados, simplesmente, pelo trabalho realizado ao fim do dia, não há recompensas, não há valorização, não existem processos de melhoria contínua nem mesmo preocupação com o futuro a longo prazo.

O departamento de recursos humanos de algumas empresas não funcionais, por sua vez, muitas vezes se concentra mais nas responsabilidades do que nos direitos dos colaboradores, negligenciando seu desenvolvimento e evolução. Nesse contexto, algumas organizações de grande sucesso priorizam a conformidade dos indivíduos, mantendo-os restritos a realizar as mesmas tarefas por anos a fio, assemelhando-se a uma existência de rebanho.

Nas empresas lucro-*driven*, surge um desafio significativo. Apesar de apresentarem um faturamento elevado, setores alinhados, estrutura salarial e de cargos bem estabelecidos, assim como projetos de recursos humanos e

> Elimine o que é pesado e ineficiente... desobstrua o caminho e torne o trajeto para o sucesso mais leve e eficaz!

processos sólidos, uma grande parcela de colaboradores internos e clientes acaba ficando insatisfeita.

O cenário atual revela colaboradores pouco engajados, que trabalham apenas pelo salário ou em busca de valorização, e clientes desalinhados. Essa situação se traduz em um fardo que a empresa carrega, representado por colaboradores desmotivados devido à falta de comprometimento da organização ou ao sentimento de falta de humanização, além de clientes que, devido à arrogância e à postura da marca, tornam-se verdadeiros pesos, impactando negativamente no resultado final.

Gostaríamos de incentivar você a refletir sobre a situação em que se encontra, atualmente, caso pertença a esse tipo de empresa. É possível que você esteja carregando fardos, sentindo-se estagnado em um ambiente que não promove seu crescimento pessoal, ou talvez esteja enfrentando obstáculos internos que estão impedindo o progresso e a evolução do negócio.

Empresas equilíbrio-*driven* estão focadas em desenvolver estratégias eficazes para impulsionar o sucesso a longo prazo. Elas compreendem a importância de equilibrar o prazer imediato com objetivos sustentáveis e uma visão clara do futuro.

A grande questão reside no fato de que a felicidade e a satisfação são resultados de um trabalho bem-feito. Quando a empresa, seus colaboradores e clientes estão comprometidos em alcançar resultados duradouros e de qualidade, surge um ambiente propício ao crescimento.

É crucial criar um ambiente de trabalho saudável, onde os colaboradores se sintam valorizados e motivados a crescer com a organização. Para tanto, é essencial investir em programas de desenvolvimento profissional e pessoal, oferecendo treinamentos e oportunidades de crescimento dentro da empresa.

Além disso, empresas equilíbrio-*driven* buscam estabelecer relacionamentos sólidos com seus clientes, baseados na confiança. Elas compreendem a importância de lhes proporcionar uma experiência excepcional, desde o primeiro contato até o pós-venda. Ao priorizar a satisfação e fidelização dos clientes, essas empresas criam um ambiente positivo para o desenvolvimento de negócios sustentáveis e duradouros.

Essas empresas também se destacam pela busca constante por inovação e pela implementação de melhorias contínuas. Elas estão sempre atentas às mudanças do mercado e antecipam as necessidades dos clientes, o que lhes permite manter a competitividade e garantir um crescimento sustentável a longo prazo.

No entanto é compreensível que você esteja refletindo sobre como colocar a teoria em prática. Concordamos plenamente que muitas empresas preferem continuar carregando pesos, seja na forma de colaboradores indesejáveis que não buscam crescimento ou se limitam a receber um salário sem motivação, seja por meio de clientes que sobrecarregam a empresa e as pessoas envolvidas. Ao final do dia, você se sente exausto, tentando equilibrar todas as demandas, e se questiona por que decidiu embarcar nesse negócio.

Muitas vezes, percebe-se que, apesar de haver os retornos financeiros, o desgaste pessoal e emocional é alto demais para sustentar a empresa ou para permitir uma vida leve e prazerosa, que é o que você realmente almeja. Nesse momento, torna-se claro que é necessário eliminar os PESOS, ou seja, colaboradores desalinhados e clientes indesejáveis que não estão alinhados com o propósito da empresa.

Para alcançar uma vida empresarial mais satisfatória, é fundamental tomar medidas enérgicas. Isso pode envolver uma avaliação criteriosa de sua equipe, identificando aqueles que não compartilham dos mesmos valores e objetivos. Além disso, é necessário revisar a base de clientes

O sucesso de uma empresa depende, muitas vezes, de como ela gerencia e lida com o peso do processo.
A eficiência e a agilidade na execução de tarefas e fluxos de trabalho podem fazer a diferença na obtenção de resultados positivos.

e direcionar esforços para atrair aqueles que estejam em sintonia com a visão e propósito da empresa. Embora seja um desafio, eliminar os PESOS é crucial para alcançar a leveza, tanto pessoal quanto empresarial, e abrir caminho para um futuro mais promissor.

Lembre-se de que a jornada para eliminar PESOS pode exigir coragem e decisões difíceis, mas o resultado será uma empresa mais alinhada, uma equipe engajada e clientes que contribuem verdadeiramente para o crescimento e sucesso sustentável. Aproveite a oportunidade para criar um ambiente no qual a sua empresa floresça e você alcance uma vida empresarial gratificante.

A seguir, alguns exemplos que ilustram como cada uma das atitudes pode ser aplicada no ambiente de trabalho para eliminar os pesos que impactam nos resultados e no rendimento dos funcionários. Lembre-se de adaptá-los às necessidades e características específicas da sua empresa.

1. Promova uma cultura de comunicação aberta: realize reuniões regulares de equipe, implemente um sistema de sugestões e feedbacks e crie um canal de comunicação on-line para facilitar a troca de informações.
2. Estabeleça metas claras e alcançáveis: defina metas específicas para cada funcionário, como aumentar a

taxa de conversão em 10% ou concluir um projeto dentro do prazo estabelecido.
3. Incentive a colaboração e o trabalho em equipe: crie projetos que exijam a colaboração de diferentes departamentos e incentive reuniões de *brainstorming* para que os funcionários compartilhem ideias e soluções.
4. Proporcione um ambiente de trabalho saudável: realize *workshops* sobre saúde mental, ofereça uma área de descanso confortável e implemente políticas de tolerância zero para assédio.
5. Ofereça oportunidades de desenvolvimento: organize *workshops* e cursos de treinamento internos, forneça bolsas de estudo para programas externos e promova a participação em conferências e seminários.
6. Reconheça e recompense o bom desempenho: crie um programa de reconhecimento com prêmios como "Funcionário do Mês", ofereça bônus ou benefícios adicionais para aqueles que atingirem metas específicas.
7. Facilite o equilíbrio entre trabalho e vida pessoal: permita horários flexíveis de trabalho, ofereça a opção de trabalho remoto algumas vezes por semana e estabeleça políticas de licença parental e folgas remuneradas.

8. Encoraje a inovação e a criatividade: realize sessões regulares de *brainstorming*, promova competições internas de ideias e crie um espaço físico ou virtual para compartilhamento de sugestões e inovações.
9. Promova a transparência e a integridade: compartilhe regularmente atualizações sobre o desempenho da empresa, forneça acesso a informações relevantes e adote práticas éticas em todas as áreas do negócio.
10. Ouça e demonstre empatia: realize pesquisas de satisfação dos funcionários, agende reuniões individuais para ouvir preocupações e problemas, e mostre interesse genuíno pelas necessidades e aspirações de cada colaborador.

Empresas equilíbrio-*driven* são aquelas que compreendem a importância de desenvolver estratégias que promovam a satisfação do cliente, criando um ambiente de trabalho saudável e focando em resultados duradouros. Elas reconhecem que a experiência do cliente é um dos principais impulsionadores do sucesso de um negócio, independentemente do setor em que atuam.

Ao harmonizar o ambiente, os clientes e os colaboradores, essas empresas criam o cenário ideal para uma experiência excepcional, impulsionando as vendas e fortalecendo sua marca. Portanto, não deixe de colocar a experiência do cliente no centro de suas estratégias de negócio.

A busca por resultados, tanto na vida pessoal quanto nos negócios, requer a eliminação de tudo o que é pesado e não funciona, priorizando atividades que tragam prazer, motivação e recompensa. É fundamental compreender que os negócios e os relacionamentos com as pessoas devem ser leves. Isso não significa ausência de desafios, dedicação e trabalho árduo, nem exclui a presença de problemas e dificuldades. No entanto, ao adotar uma abordagem leve, todos esses aspectos se transformam em resultados positivos de maneira prazerosa e recompensadora.

Neste momento, reserve um instante para uma análise profunda: em qual ambiente você se encontra? Avalie se a sua empresa está alinhada com os princípios equilíbrio-*driven*, buscando a satisfação do cliente, promovendo um ambiente de trabalho saudável e priorizando resultados duradouros. Lembre-se de que é possível transformar seu negócio e alcançar uma vida empresarial mais satisfatória, repleta de sucesso e realização.

Não tenha medo de buscar a transformação em seu negócio. Com dedicação, estratégia e perseverança, é possível alcançar uma vida empresarial mais satisfatória, repleta de sucesso e realização.

3.1 DNA DOS NEGÓCIOS

"O DNA do negócio" é uma expressão usada para se referir à essência da identidade e do propósito de uma empresa. É o conjunto de características únicas que tornam a empresa diferente das demais, como sua cultura organizacional, missão, valores, visão de futuro, estratégias de negócio, propósito, entre outros aspectos.

Assim como o DNA humano é responsável por transmitir características hereditárias únicas, nos negócios ele é responsável por transmitir os valores e princípios que norteiam as atividades da empresa. Esses valores podem estar relacionados a diversos aspectos – como a qualidade dos produtos ou serviços oferecidos, a inovação, o atendimento ao cliente, a responsabilidade social, entre outros.

Empresas que não possuem em seu DNA o desejo pela conquista, a celebração pelos resultados e a motivação como veículo propulsor de metas, certamente estão com níveis de dopamina baixos entre seus colaboradores.

Esse elemento torna-se fundamental para o sucesso da empresa, pois ajuda a estabelecer uma identidade sólida e consistente, que pode ser usada como base para a tomada de decisões estratégicas e para a construção de

"Há um tempo em que é preciso abandonar as roupas usadas, que já têm a forma do nosso corpo, e esquecer os nossos caminhos, que nos levam sempre aos mesmos lugares. É o tempo da travessia; e, se não ousarmos fazê-la, teremos ficado, para sempre, à margem de nós mesmos."

Fernando Texeira de Andrade

relacionamentos duradouros com clientes, fornecedores e colaboradores. Além disso, pode ser uma fonte de inspiração e motivação para os funcionários, pois ajuda a criar um senso de propósito e direção, que pode ser fundamental para manter a equipe engajada e alinhada com os objetivos da empresa.

Suas características são fundamentais para definir a identidade da empresa, incluindo a sua visão, missão, princípios, cultura organizacional e propósito, tornando estes fatores relevantes que o diferencia de outras empresas, criando sua verdadeira identidade e influenciando sua estratégia, a tomada de decisões, a cultura interna e a forma de se relacionar com o mercado e com os clientes.

O DNA do negócio pode ser visto como um guia que orienta todas as ações e decisões da empresa, desde a criação de produtos e serviços até a gestão de pessoas e relacionamento com clientes. Com isso os empreendedores podem ter uma maior clareza e direcionamento na gestão da empresa, contribuindo para o seu crescimento e sucesso a longo prazo.

3.2 LIDERANÇA COM PRINCÍPIOS

Para ter uma essência de princípios nos negócios, é importante compreender o que isso significa. Essência de princípios refere-se aos valores únicos que uma empresa prioriza para oferecer aos clientes, é o que a diferencia de todas as outras empresas e a torna uma escolha preferencial para os clientes.

Para desenvolver uma essência baseada em princípios fortes, é necessário realizar uma reflexão profunda e identificar os valores essenciais da empresa. Em seguida, esses valores devem ser traduzidos em princípios organizacionais claros e comunicados de forma efetiva a todos os colaboradores.

A liderança deve exemplificar esses princípios em seu próprio comportamento, enquanto os princípios devem ser integrados aos processos, políticas e práticas da empresa. Investir no cumprimento dos princípios e realizar ajustes contínuos é fundamental para fortalecer essa essência. O resultado é uma cultura organizacional sólida, colaboradores engajados e uma reputação positiva no mercado. Para ter uma empresa com base em princípios, pode-se começar pelas seguintes reflexões:

"A liderança centrada em princípios é a chave para desencadear o potencial humano individual. Cada pessoa da força de trabalho precisa empreender uma viagem para se tornar líder por opção – uma pessoa que assume a responsabilidade por sua vida, suas escolhas e seu desempenho."

Stephen R. Covey

Propósito e sentido de pertencimento: em uma empresa de princípios, os colaboradores têm a oportunidade de trabalhar em prol de um propósito maior. Eles entendem como seu trabalho contribui para os objetivos da empresa e sentem um senso de pertencimento e valorização.

Cultura organizacional forte: empresas baseadas em princípios geralmente têm uma cultura organizacional forte, que promove a transparência, a ética, o respeito e a colaboração. Os colaboradores se sentem parte de uma comunidade que valoriza e pratica esses princípios.

Orientação clara para a tomada de decisões: os princípios servem como guias para a tomada de decisões em todos os níveis da empresa. Isso ajuda os colaboradores a terem clareza sobre os valores e diretrizes da organização, facilitando a tomada de decisões alinhadas com esses princípios.

Ambiente de trabalho saudável: empresas de princípios tendem a criar um ambiente de trabalho saudável, onde a colaboração, o respeito e o apoio mútuo são valorizados. Os líderes e gestores têm a responsabilidade de promover um ambiente inclusivo, seguro e motivador para os colaboradores.

Desenvolvimento pessoal e profissional: empresas de princípios geralmente investem no desenvolvimento pessoal e profissional de seus colaboradores. Isso pode incluir programas de treinamento, oportunidades de aprendizado contínuo, feedback construtivo e mentoria. Os colaboradores são incentivados a crescer e se desenvolver dentro da organização.

Relacionamentos positivos: trabalhar em uma empresa de princípios promove relacionamentos positivos entre os colaboradores. A cultura de respeito e colaboração facilita a construção de relacionamentos saudáveis, baseados na confiança e no apoio mútuo.

Alinhamento com valores pessoais: quando os colaboradores estão alinhados com os princípios da empresa em que trabalham, ocorre uma sinergia que impulsiona sua motivação e conexão com o trabalho. Essa sintonia é fruto do alinhamento entre suas crenças pessoais e os valores da organização, criando um ambiente de congruência e realização profissional.

Eis um exemplo que ilustra como o alinhamento dos colaboradores com os princípios e valores da empresa pode gerar uma conexão mais profunda e motivadora com o trabalho, impulsionando seu desempenho e satisfação pessoal:

> Um líder empresarial inspirador não apenas se preocupa com os resultados financeiros, mas também com o bem-estar e o desenvolvimento pessoal de sua equipe.

Imagine uma empresa que valoriza fortemente a sustentabilidade e a responsabilidade social. Seus colaboradores compartilham desses valores e acreditam firmemente na importância de proteger o meio ambiente e contribuir para a comunidade. Eles se sentem conectados com a missão da empresa de ser uma força positiva para a sociedade.

Esses colaboradores são constantemente incentivados a participar de iniciativas e projetos voltados para a sustentabilidade. Eles se envolvem ativamente em campanhas de reciclagem, voluntariado em organizações sem fins lucrativos e implementação de práticas ecológicas no ambiente de trabalho.

Como resultado, esses colaboradores se sentem mais motivados e engajados em seu trabalho. Eles se orgulham de fazer parte de uma organização que compartilha seus valores e estão alinhados com os princípios da empresa. Esse alinhamento cria uma atmosfera de realização, onde eles se sentem parte de algo maior e contribuem com entusiasmo para o sucesso da empresa.

Impacto positivo na sociedade: empresas de princípios geralmente têm um impacto positivo na sociedade. Isso pode ser por meio de práticas sustentáveis, responsabilidade social corporativa, envolvimento com a comunidade ou outras ações que beneficiam a sociedade como um todo. Os colaboradores se sentem orgulhosos de fazer parte de uma organização que busca causar um impacto positivo.

Em uma empresa de princípios, os colaboradores têm a oportunidade de trabalhar em prol de um propósito maior, contribuindo para os objetivos da empresa e sentindo-se valorizados. Essas empresas têm uma cultura organizacional forte, que promove transparência, ética, respeito e colaboração.

QUAIS SÃO OS PRINCÍPIOS QUE REGEM AS DECISÕES DA SUA EMPRESA?

4

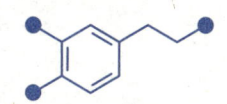

A EXPERIÊNCIA É A NOVA ALMA DO NEGÓCIO

"É melhor que a experiência do cliente esteja no topo da sua lista quando se trata de prioridades em sua organização. A experiência do cliente é o novo marketing."

Steve Cannon

Tudo é sobre experiência...
Ter uma experiência única geralmente envolve experimentar algo que é incomum, inesperado e que provoca emoções intensas ou sentimentos profundos. Uma experiência única pode ser algo que fica marcado em sua memória por muito tempo, e que você pode lembrar com frequência no futuro.

Todo negócio que compreende o valor da experiência na jornada de compra de seus clientes terá sempre um diferencial a mais frente a sua concorrência.

Pensar, planejar e realizar ações que transformam experiências comuns em experiências extraordinárias é uma questão vital para gerar o diferencial competitivo necessário e posicionar sua marca em lugar de destaque.

Assim como o título deste livro, "Dopamina Experience", tudo é sobre experiência. E toda experiência que gera satisfação e traz sentimento de transformação e de conquista sempre será uma pista do caminho para o sucesso.

Aqui estão algumas características que podem tornar uma experiência única em um ambiente de negócios:

> O planejamento cuidadoso e a estratégia inteligente são os alicerces do sucesso empresarial.

Novidade: a novidade é um fator importante em uma experiência única. Quando algo é completamente novo e inesperado, pode ser emocionante e memorável.

Significado pessoal: quando uma experiência tem significado pessoal para você, ela pode ter um impacto duradouro. Por exemplo, se você sempre quis fazer uma viagem para um lugar específico, e finalmente consegue realizá-la, isso pode ser uma experiência única e significativa.

Emoção: as emoções intensas frequentemente estão ligadas a vivências singulares. Quando você se depara com algo extremamente emocionante, como praticar *bungee jumping* ou assistir a um show ao vivo de um artista que você admira profundamente, isso se torna uma experiência única.

Desafio: quando você enfrenta e supera um desafio pessoal, essa vivência pode se tornar singular e gratificante. Um exemplo notável é a conclusão de uma maratona, pois demanda esforço, perseverança e superação individual.

Companhia: compartilhar uma vivência singular com outras pessoas pode intensificar seu significado e torná-la ainda mais memorável. Ao vivenciar algo com outros indivíduos, é possível estabelecer uma conexão e camaradagem que aprimoram a experiência, tornando-a ainda mais especial.

Em resumo, ter uma experiência única é algo intenso, memorável e muitas vezes inesperado. Pode ser uma fonte de satisfação e lembranças agradáveis por muito tempo.

A grande questão que queremos que você aprenda aqui é: todo negócio entrega uma experiência, seja ela positiva, seja negativa. Porém aqueles que investem tempo e recursos para entregar uma experiência única e marcante são sempre os mais destacados.

4.1 AMBIENTES QUE TRANSFORMAM

O ambiente pode ser o propulsor de um grande impacto de transformação na vida de qualquer pessoa, pois ele influencia na forma como a pessoa pensa, sente e age. O ambiente pode incluir tudo ao nosso redor, desde o local de trabalho até o lugar onde vivemos, as pessoas com quem interagimos, as informações que consumimos e as experiências que vivenciamos.

Um ambiente positivo, saudável e estimulante pode ajudar uma pessoa a se sentir mais motivada, confiante e produtiva. Por outro lado, um ambiente tóxico, desorganizado ou desencorajador pode ter um efeito negativo sobre o bem-estar mental e emocional de alguém, levando a sentimentos de ansiedade, estresse e baixa autoestima.

Por meio da exposição a diferentes ambientes, podemos experimentar novas ideias, conhecimentos e valores, expandindo nossas perspectivas e horizontes. Um ambiente inclusivo e diverso pode ajudar a promover a compreensão e aceitação de diferentes culturas, identidades e formas de pensar, o que pode levar a uma maior empatia e respeito pelos outros.

O ambiente em que uma pessoa vive pode transformar vidas de várias maneiras. O ambiente inclui todos os aspectos físicos, sociais e culturais que cercam uma pessoa.

Um ambiente positivo pode ter um efeito transformador na vida de uma pessoa, proporcionando segurança, estabilidade e oportunidades para crescer e se desenvolver. Por exemplo, um ambiente familiar saudável e amoroso pode fornecer suporte emocional, incentivar a autoestima e desenvolver habilidades sociais, preparando uma pessoa para se tornar um adulto mais saudável e feliz.

Em resumo, o ambiente pode influenciar nossa transformação pessoal ao nos fornecer estímulos e contextos que moldam nossos pensamentos, sentimentos e comportamentos, bem como ao nos apresentar novas experiências e perspectivas que podem ampliar nosso mundo interno.

> Um ambiente positivo contagia, eleva o ânimo e transforma desafios em oportunidades.

Por isso, é importante criar e manter ambientes positivos, seja em casa, seja no trabalho ou em outras áreas da vida. Isso pode incluir estabelecer relações saudáveis, cultivar um ambiente de trabalho acolhedor e seguro, praticar hábitos saudáveis e positivos para o corpo e mente. Essas ações podem ajudar a transformar a vida de uma pessoa para melhor e promover uma vida feliz e realizada.

Para promover negócios que tragam experiências positivas para seus clientes, é necessário focar em entender profundamente as necessidades e desejos dos seus clientes.

A partir disso, a empresa pode criar produtos ou serviços que resolvam os problemas e satisfaçam as expectativas dos clientes, oferecendo experiências únicas e memoráveis. Alguns pontos importantes para promover negócios que tragam experiências positivas para os clientes incluem:

Conhecer bem o seu público-alvo: é importante entender quem são seus clientes, quais são suas necessidades, preferências e desejos, para que você possa oferecer experiências relevantes e significativas para eles.

Desenvolver uma proposta de valor única: crie uma proposta de valor que descreva claramente como a sua empresa se diferencia da concorrência e como ela

> A fidelidade é conquistada por meio de relacionamentos autênticos, atendimento personalizado e superação de expectativas.

pode ajudar os clientes a resolver seus problemas ou atender às suas necessidades.

Focar na qualidade do atendimento: é importante fornecer um atendimento ao cliente de alta qualidade, com funcionários bem treinados e capacitados para ajudar os clientes a aproveitar ao máximo as experiências oferecidas.

Investir em tecnologia e inovação: a tecnologia pode ser usada para melhorar as experiências do cliente, como aplicativos de atendimento, realidade virtual ou aumentada, entre outros recursos.

Pedir feedback e avaliações dos clientes: solicitar feedback dos clientes é uma ótima maneira de entender do que eles gostam e não gostam em relação ao seu negócio. Assim, você pode melhorar continuamente a experiência que oferece, ouvindo suas opiniões e sugestões.

Ao adotar essas estratégias, é possível estabelecer um negócio que proporcione experiências positivas aos clientes, resultando em maior satisfação, fidelidade e melhor desempenho financeiro.

Proporcionar um ambiente que promova a liberação de dopamina para os clientes pode ser uma ótima maneira de criar uma experiência positiva para eles. Aqui estão alguns exemplos de como isso pode ser feito:

Proporcione uma experiência de compra única: ofereça uma experiência de compra personalizada e única para cada cliente, permitindo que eles se sintam valorizados e importantes. Isso pode incluir uma equipe de vendas treinada e preparada para atender às necessidades e desejos dos clientes, além de oferecer uma atmosfera de compras agradável e inspiradora.

Crie ambientes acolhedores: crie ambientes acolhedores e confortáveis para os clientes em seu estabelecimento, com decoração agradável e música que proporcione uma sensação de relaxamento e bem-estar. Isso pode ajudar a aumentar a liberação de dopamina, proporcionando uma experiência de compra mais agradável e memorável.

Um exemplo sobre como oferecer uma experiência de compra personalizada e única para cada cliente é a empresa de *e-commerce* Stitch Fix. A Stitch Fix é uma plataforma on-line que oferece serviços de *personal shopper*, selecionando roupas e acessórios de acordo com o estilo, preferências e medidas de cada cliente.

Ao se inscrever no serviço, os clientes preenchem um questionário detalhado sobre suas preferências de estilo, tamanho e orçamento. Com base nessas informações, uma equipe de estilistas profissionais seleciona peças de roupas e acessórios personalizados para cada cliente. As seleções são enviadas em uma caixa, permitindo que os clientes experimentem as peças no conforto de suas casas. O diferencial da Stitch Fix é a combinação da personalização com a conveniência do serviço on-line. Os clientes têm a oportunidade de experimentar as peças, manter o que gostarem e devolver o restante. Além disso, podem fornecer feedback sobre as seleções para que os estilistas possam refinar ainda mais suas escolhas no futuro.

Ofereça recompensas e incentivos: ofereça recompensas e incentivos para clientes fiéis, como descontos, brindes ou programas de fidelidade. Isso pode ajudar a aumentar a liberação de dopamina, promovendo a satisfação e o senso de realização.

Proporcione uma experiência social positiva: crie uma atmosfera social positiva em seu estabelecimento, incentivando a interação entre os clientes e promovendo uma cultura de amizade e camaradagem. Isso pode ajudar a aumentar a liberação de dopamina, promovendo a sensação de pertencimento e felicidade no ambiente.

Ofereça experiências sensoriais: proporcione aos clientes experiências sensoriais que estimulem os sentidos, como degustações de alimentos, demonstrações de produtos ou outras atividades envolventes. Isso pode ajudar a aumentar a liberação de dopamina, proporcionando uma experiência de compra mais divertida e memorável.

Essas são apenas algumas ideias de como proporcionar um ambiente que promova a liberação de dopamina em ambientes em diversos contextos. Ao adotar essas ideias em sua empresa, você pode ajudar a criar uma experiência positiva e inesquecível para seus clientes, o que pode aumentar a lealdade e a satisfação do cliente.

4.2 O PODER DO ENCANTAMENTO

Encantar os clientes desempenha um papel crucial no sucesso de um negócio, pois clientes satisfeitos têm maior probabilidade de retornar e recomendar a empresa. O poder do boca a boca positivo é uma forma poderosa de marketing, impulsionando a visibilidade e a reputação. Ao serem encantados, os clientes se sentem valorizados e especiais, estabelecendo relacionamentos duradouros e benéficos.

O encantamento dos clientes é um fator significativo para os negócios, aumentando a fidelidade e gerando uma vantagem competitiva. Quando os clientes ficam encantados com a experiência, são mais propensos a retornar e indicar amigos e familiares, construindo assim uma base de clientes leais.

Além disso, encantar os clientes pode criar uma vantagem competitiva, pois a concorrência pode não ser capaz de replicar ou superar a experiência encantadora que a empresa oferece.

Um exemplo de ação de marketing conhecida que encantou e fidelizou clientes por meio do boca a boca é a estratégia adotada pela empresa de streaming Netflix. A Netflix implementou o conceito de "Recomendações Personalizadas", no qual os algoritmos analisam o histórico de visualização e as preferências de cada usuário para sugerir conteúdos relevantes.

Essa abordagem personalizada permitiu que os clientes descobrissem novas séries, filmes e documentários de acordo com seus interesses individuais. A recomendação precisa e assertiva aumentou a satisfação do cliente, tornando a experiência de assistir conteúdo na Netflix mais envolvente e gratificante.

O sucesso dessa estratégia foi amplificado pelo boca a boca positivo dos clientes satisfeitos. Eles compartilharam suas descobertas com amigos e familiares, incentivando-os a experimentar a plataforma e desfrutar de uma experiência de entretenimento personalizada. Esse boca a boca positivo contribuiu para o crescimento da base de assinantes da Netflix e consolidou sua posição como líder no mercado de streaming de conteúdo.

O poder de encantar os clientes pode gerar uma conexão emocional com a marca ou empresa. Assim, o boca a boca é uma poderosa ferramenta de marketing que se baseia na recomendação de produtos ou serviços por parte dos clientes satisfeitos. Esse tipo de divulgação é extremamente valioso, pois vem de fontes confiáveis, como amigos, familiares ou colegas. O boca a boca pode gerar um impacto significativo para as empresas, uma vez que as pessoas tendem a confiar mais nas opiniões e experiências compartilhadas por outros consumidores. Além disso, essa forma de marketing é altamente influente, pois está enraizada na natureza humana de buscar referências e buscar a aprovação social. Quando os clientes estão satisfeitos com um produto ou serviço, eles se tornam defensores entusiasmados, compartilhando suas experiências positivas com outros, o que pode impulsionar o crescimento e o sucesso de uma empresa.

> A excelência no atendimento é a base para encantar clientes e construir relacionamentos duradouros.

4.3 ARQUÉTIPOS E EMPRESAS QUE INSPIRAM

Abaixo, apresentamos algumas empresas que se destacam pela sua abordagem centrada na experiência, desde o início até o fim do processo. Essas empresas são conhecidas por possuir um perfil ou DNA único, que as diferencia e as mantém em destaque no mercado. Quando uma empresa compreende o seu arquétipo, ela estabelece um alinhamento e direcionamento claros, que são compreendidos por todos os envolvidos em sua jornada, independentemente do momento.

Arquétipos são padrões universais de comportamento, personalidade e símbolos que estão presentes no inconsciente coletivo da humanidade. São imagens mentais que representam ideias, valores e emoções profundas que transcendem as fronteiras culturais e temporais. Os arquétipos são encontrados em mitos, contos, lendas e outras formas de expressão humana.

Na psicologia, a teoria dos arquétipos foi desenvolvida pelo psiquiatra Carl Jung, criador da psicologia analítica, que argumentou que esses padrões são inatos e fazem parte da estrutura psíquica básica de todos os seres humanos.

Existem diversas abordagens para classificar os arquétipos, porém uma das mais reconhecidas é a proposta por Jung. Ele identificou doze tipos fundamentais que se manifestam em diferentes formas de expressão humana. Esses arquétipos são:

1. *O inocente*: pessoas otimistas, de espírito sonhador e esperançosas, que buscam ser felizes e evitar conflitos.
2. *O sábio*: indivíduos que valorizam a busca pela verdade e o conhecimento, sendo detalhistas e metódicos.
3. *O aventureiro*: personalidades que buscam liberdade e independência, são ousadas e evitam a rotina. Almejam autenticidade.
4. *O rebelde*: pessoas que questionam e gostam de quebrar regras, buscando transformar o que está obsoleto.
5. *O mago*: indivíduos criativos, visionários e inventivos, conectados a questões espirituais e desejosos de compreender as leis universais.
6. *O herói*: personalidades corajosas e cheias de vitalidade, que buscam provar seu valor por meio de atos que visam ao bem de todos.
7. *O amante*: indivíduos intensos e sensuais, movidos pelo desejo de parceria e busca de intimidade.

8. *O comediante*: caracterizado pela diversão. Agem buscando leveza e espontaneidade. Almejam levar alegria ao mundo.

9. *O comum*: pessoas realistas e simples, que valorizam o pertencimento e desenvolvimento de virtudes comuns.

10. *O prestativo*: personalidades altruístas e protetoras. Buscam, em suas atitudes, ajudar e cuidar do próximo.

11. *O governante*: líderes sólidos e responsáveis, que buscam excelência e controle.

12. *O criador*: indivíduos criativos, inovadores e inconstantes. Visam à harmonia e ao reconhecimento.

Esses arquétipos representam padrões de comportamento, motivações, medos, desejos e valores que são comuns a todos os seres humanos, e são usados por empresas, publicitários, artistas etc. para criar personagens, narrativas e mensagens que se conectam com as emoções e aspirações do público.

Os arquétipos podem ajudar nos negócios, fornecendo um modelo para entender as motivações e comportamentos dos clientes. Ao utilizar os arquétipos, as empresas podem criar campanhas de marketing, experiências de marca e comunicação que ressoem com as necessidades e desejos de seus clientes.

Isso pode levar a uma melhor conexão com o público-alvo e, em última análise, a um aumento das vendas e da fidelidade à marca. Além disso, os arquétipos também podem ajudar as empresas a definir, de maneira consistente e coesa, sua identidade de marca e estratégia de negócios, fornecendo uma lente através da qual elas podem entender seu propósito, valores e missão.

Ao escolher um ou mais arquétipos para sua marca, a empresa pode comunicar melhor sua mensagem e valores aos clientes, além de criar uma conexão emocional mais forte com seu público-alvo.

Os arquétipos também podem ajudar as empresas a diferenciarem suas marcas das concorrentes e a criar um posicionamento de mercado único e relevante.

Selecionamos quatro arquétipos que representam empresas comprometidas em oferecer experiências únicas e memoráveis, causando impacto e transformação em todas as pessoas envolvidas em seus processos.

> "[...] os arquétipos proporcionam o elo perdido entre a motivação do cliente e as vendas do produto."
> **Margaret Mark & Carol S. Pearson**

4.3.1 Arquétipo do mago

O arquétipo do mago é um conceito psicológico que descreve um padrão ou modelo de personalidade que pode ser encontrado em diferentes culturas e épocas. Ele representa a busca pelo conhecimento, a descoberta de novos caminhos e a transformação da realidade.

Simboliza o poder da transformação, a capacidade de criar algo a partir do nada e de transcender limites, frequentemente associado a figuras históricas ou lendárias que detinham conhecimentos secretos ou habilidades especiais, como os alquimistas, feiticeiros, xamãs ou sábios.

Na teoria dos arquétipos de Jung, o mago é caracterizado pela capacidade de compreender os mistérios da vida, de enxergar além do que é visível e de transformar a realidade por meio da criatividade e do conhecimento, visto como um agente de mudança e transformação, que busca constantemente a evolução pessoal e coletiva.

O arquétipo mago pode ser encontrado em diferentes áreas, como nas artes, ciência, filosofia e espiritualidade, representando uma mentalidade curiosa, criativa e inovadora. No âmbito empresarial, o mago pode ser identificado em empreendedores que buscam a inovação e a criatividade, além de estarem dispostos a assumir riscos e a experimentar novas abordagens para solucionar problemas.

Vale ressaltar que, assim como todos os arquétipos, o mago não representa um modelo fixo e imutável de personalidade, mas sim um conjunto de padrões comportamentais e psicológicos que pode estar presente em diferentes graus em cada pessoa.

Esses indivíduos eram capazes de transformar a realidade ao seu redor, muitas vezes usando técnicas ou conhecimentos que não eram compreendidos pelo resto da sociedade.

No contexto dos negócios, o arquétipo do mago pode ser associado a empreendedores ou líderes que possuem uma visão inovadora e criativa, capazes de transformar a realidade de suas empresas e do mercado em que atuam. Essas pessoas possuem uma mentalidade aberta e flexível, combinando conhecimentos e habilidades de diversas áreas para criar soluções inovadoras e transformadoras.

Assim, o arquétipo do mago pode representar a busca por novos conhecimentos e a capacidade de inovar, associadas à habilidade de transformar desafios em oportunidades e de criar um futuro mais promissor.

> Não há limites para o encantamento. Cada interação com o cliente é uma oportunidade de exceder suas expectativas.

O arquétipo mago é associado ao poder da transformação, transmutação e criação de algo novo e inovador. Empresas que possuem esse arquétipo podem ser identificadas por meio de sua postura de liderança no mercado, inovação constante em seus produtos e serviços, e utilização de tecnologias avançadas para criar soluções únicas. Além disso, elas também podem buscar promover a autoexpressão, a autenticidade e o empoderamento dos seus clientes, oferecendo-lhes ferramentas e recursos para explorar o seu potencial criativo.

A Apple é frequentemente associada ao arquétipo do "inovador" ou "mago", por sua ênfase em design e tecnologia inovadores, e por sua capacidade de lançar produtos que criam tendências e transformam o mercado. O fundador da Apple, Steve Jobs, era conhecido por sua habilidade em criar produtos revolucionários e estabelecer a Apple como líder no mercado de tecnologia[2].

A Apple também desenvolveu e comercializou softwares como o sistema operacional MacOS, o navegador Safari e o iTunes, além de ter sido pioneira no desenvolvimento do mouse e na popularização da interface gráfica do

---

[2] A Apple Inc. é uma empresa multinacional americana de tecnologia, fundada em 1976 por Steve Jobs, Steve Wozniak e Ronald Wayne. A empresa é conhecida por seus produtos eletrônicos, incluindo o iPhone, iPad, Mac, iPod, Apple Watch e Apple TV, além de software e serviços relacionados.

usuário. A Apple é considerada uma das empresas mais valiosas e inovadoras do mundo.

Reconhecida por oferecer uma experiência de usuário *premium*, a Apple se destaca pelo seu design diferenciado, produtos de alta qualidade e uma abordagem inovadora em tecnologia e design. A empresa vai além do produto em si, buscando envolver seu público-alvo em uma experiência completa, que abrange desde a embalagem, o atendimento até o design das lojas. Essa abordagem visa criar uma conexão duradoura com os clientes, gerando fidelidade e construindo uma imagem forte e reconhecida no mercado.

4.3.2 Arquétipo do fora da lei

O arquétipo do fora da lei é uma representação simbólica de uma personalidade ou padrão de comportamento humano. Ele encapsula a essência da rebeldia, da transgressão de normas e da busca pela independência.

Frequentemente, esse arquétipo é associado a figuras históricas ou lendárias que se rebelaram contra as normas e as autoridades estabelecidas, muitas vezes agindo fora da lei. O fora da lei pode ser visto como anti-herói, pois, embora seja, muitas vezes, considerado como transgressor da lei, também podem ser vistos como lutadores por uma causa maior.

No contexto dos negócios, o arquétipo do fora da lei representa empreendedores e líderes que desafiam as convenções estabelecidas, buscando soluções e modelos de negócios inovadores. Eles são agentes de mudança, disruptivos e corajosos, prontos para desafiar as normas e transformar as estruturas existentes. Ao questionar as regras tradicionais do mercado, eles abrem caminho para novas possibilidades e impulsionam a evolução dos negócios.

Assim, o arquétipo do fora da lei pode representar a coragem de questionar o *status quo* e a determinação de fazer o que é preciso para alcançar os objetivos, mesmo que isso signifique desafiar as normas e as autoridades estabelecidas.

Para identificar um negócio que utiliza esse arquétipo, basta observar a forma como a empresa se posiciona no mercado e como ela se comunica com seus clientes.

Algumas características que podem indicar um negócio vinculado ao arquétipo do fora da lei incluem:

Quebra de padrões estabelecidos: a empresa desafia a forma como as coisas são feitas, trazendo uma perspectiva diferente ou inovadora para o mercado.

> O fora da lei nos negócios abraça o risco e a incerteza, entendendo que grandes recompensas só podem ser alcançadas por meio de ações audaciosas.

Espírito rebelde: a empresa busca romper com o *status quo*, questionando normas e regras estabelecidas e oferecendo alternativas disruptivas.

Autonomia: a empresa promove a liberdade e a autodeterminação, encorajando seus clientes a ser independentes e a seguir seus próprios caminhos.

Atitude desafiadora: a empresa tem uma postura ousada e desafiadora, incentivando seus clientes a assumir riscos e a buscar a realização de seus desejos e sonhos.

É importante lembrar que os arquétipos são uma ferramenta para entender a personalidade e a identidade de uma marca, e não uma receita pronta para o sucesso nos negócios. Cada empresa é única e deve buscar a melhor forma de se conectar com seus clientes e atender às suas necessidades.

O arquétipo da Chilli Beans, marca brasileira de óculos, relógios e acessórios fundada em 1998 pelo empresário Caito Maia, pode ser identificado como o fora da lei. A marca tem um posicionamento disruptivo e irreverente, desafiando as convenções do mercado de óculos e relógios. Busca sempre inovar e apresentar novidades aos seus clientes, sem medo de romper com as tradições e quebrar paradigmas estabelecidos.

A marca tem um estilo moderno e irreverente, com produtos coloridos e descolados. Conhecida por sua abordagem inovadora no varejo, as lojas da Chilli Beans se parecem mais com galerias de arte do que com lojas convencionais.

Além disso, a empresa tem investido em parcerias com celebridades e marcas renomadas, como a Coca-Cola e a Risqué, para criar produtos exclusivos e diferenciados. Atualmente, a Chilli Beans tem mais de oitocentos pontos de venda no Brasil e em outros países, e é considerada uma das marcas mais bem-sucedidas do setor de moda e acessórios no país.

A Chilli Beans oferece diversas experiências aos seus clientes, com o objetivo de criar um vínculo emocional com a marca e fidelizar os consumidores. Algumas das experiências oferecidas pela empresa incluem:

Lojas conceito: as lojas da Chilli Beans são projetadas de forma inovadora, com uma decoração moderna e criativa, que cria uma experiência única para os clientes. As lojas são, muitas vezes, decoradas com obras de arte de artistas locais, exposições temáticas e ambientes interativos.

Personalização de produtos: a Chilli Beans oferece a possibilidade de personalizar alguns de seus produtos, como relógios e óculos, com gravações a laser, o que permite aos clientes criar um produto exclusivo e único.

Parcerias exclusivas: a empresa realiza parcerias com artistas, celebridades e marcas renomadas para criar produtos exclusivos e diferenciados. Essas parcerias são, muitas vezes, divulgadas em eventos e campanhas publicitárias, gerando engajamento e *buzz*[3] em torno da marca.

Ações de marketing diferenciadas: a Chilli Beans é conhecida por suas campanhas publicitárias criativas e irreverentes que, muitas vezes, são veiculadas em plataformas digitais e redes sociais. A empresa também realiza eventos e ações promocionais em suas lojas, como festas de lançamento de produtos e desfiles de moda.

Essas são apenas algumas das experiências oferecidas pela Chilli Beans aos seus clientes, que têm como objetivo criar uma conexão emocional com a marca e gerar engajamento e fidelização.

Também a empresa Red Bull é associada ao arquétipo do fora da lei ou rebelde. A marca é conhecida por desafiar o *status quo* e promover a ideia de "romper com as regras" e "dar asas à imaginação", o que está alinhado com o arquétipo Fora da Lei. Alinhada com esse arquétipo, a Red Bull está ligada à busca por emoção e aventura, características que o caracterizam.

---

3 Buzz é um termo utilizado para descrever o burburinho ou a repercussão gerada em torno de um produto, evento, marca ou ideia. Trata-se de uma forma de marketing viral, na qual a mensagem se espalha rapidamente por meio de recomendações, discussões nas redes sociais, boca a boca e outros meios de comunicação. O objetivo é criar interesse e entusiasmo significativos, gerando um *buzz* positivo que atrai a atenção e o envolvimento do público.

Os verdadeiros pioneiros nos negócios são aqueles que desafiam as convenções e regras estabelecidas, tornando-se os foras da lei do sucesso.

A marca também está ligada à busca por emoção e aventura, que são características associadas a esse arquétipo.

A Red Bull é uma empresa austríaca que produz e comercializa bebidas energéticas, além de patrocinar e promover eventos esportivos e culturais em todo o mundo. A empresa foi fundada em 1987 por Dietrich Mateschitz e Chaleo Yoovidhya, e seu principal produto, a bebida energética Red Bull, foi lançado no mercado em 1987, na Áustria e, posteriormente, em outros países.

A Red Bull é conhecida por sua estratégia de marketing inovadora e agressiva, que inclui o patrocínio de eventos esportivos radicais e de alto desempenho, como o Red Bull Air Race, o Red Bull Rampage e o Red Bull X-Fighters, além de equipes de Fórmula 1 e de futebol, como o Red Bull Racing e o RB Leipzig.

A marca também promove eventos culturais, como festivais de música e arte urbana, e tem investido em projetos de mídia e conteúdo, como a Red Bull TV e a Red Bull Records. A Red Bull é uma das marcas de bebidas energéticas mais conhecidas e consumidas no mundo, com presença em mais de 170 países.

Entre as experiências que a Red Bull oferece a seus clientes estão:

Eventos de esportes radicais: oferecem aos espectadores a oportunidade de ver atletas de classe mundial realizando manobras incríveis e emocionantes.

Festivais de música e eventos culturais: a empresa patrocina diversos festivais de música e eventos culturais, muitos deles com foco em música eletrônica e arte urbana. Esses eventos atraem um público jovem e descolado, e oferecem aos participantes uma experiência única e vibrante.

Ações de marketing inovadoras: a Red Bull é conhecida por suas ações de marketing inovadoras e criativas que, muitas vezes, envolvem eventos exclusivos e experiências personalizadas para os clientes. Alguns exemplos incluem o Red Bull Stratos, em que o paraquedista austríaco Felix Baumgartner saltou de uma cápsula estratosférica a mais de 39 km de altura, e a Red Bull Flugtag, em que equipes constroem e lançam aviões caseiros em uma competição divertida e irreverente.

Conteúdo exclusivo: a empresa produz uma grande quantidade de conteúdo exclusivo, como documentários, entrevistas, vídeos e fotos, sobre os eventos que patrocina e os atletas que apoia. Esse conteúdo é distribuído em suas redes sociais e outras plataformas on-line, e oferece aos fãs uma visão única dos bastidores dos eventos e da vida dos atletas.

Essas são apenas algumas das experiências que a Red Bull oferece aos seus clientes, as quais têm como objetivo criar uma conexão emocional com a marca e gerar engajamento e fidelização. A empresa é conhecida por sua abordagem inovadora e arrojada, e por oferecer experiências únicas e emocionantes para seus consumidores.

4.3.3 Arquétipo do herói

O arquétipo do herói ocupa um lugar central na teoria de Carl Jung, sendo um dos elementos essenciais da psicologia analítica. Ele representa o desejo humano de superar obstáculos, lutar por uma causa justa e alcançar a grandeza. O arquétipo do herói é caracterizado por atributos como coragem, determinação, autoconfiança, perseverança e sacrifício.

Na cultura popular, esse arquétipo é frequentemente representado em histórias de aventura e ficção, nas quais um personagem deve superar uma série de desafios para alcançar um objetivo maior. Em termos de marketing, o arquétipo do herói é, frequentemente, usado para promover produtos que ajudam as pessoas a alcançar seus objetivos e a superar desafios.

> O herói é movido por um senso de propósito maior e está disposto a enfrentar grandes desafios para alcançar seus objetivos.

Negócios vinculados ao arquétipo do herói geralmente enfatizam a ideia de superação e transformação pessoal ou social. Eles são motivados pela ideia de melhorar o mundo de alguma forma e inspiram as pessoas a fazerem o mesmo.

Empresas que se vinculam ao arquétipo do herói tendem a enfatizar a qualidade de seus produtos e a demonstrar como esses produtos podem ajudar as pessoas a superar obstáculos e alcançar seus objetivos. Elas costumam usar mensagens de incentivo e empoderamento em suas campanhas de marketing e podem associar suas marcas a causas sociais relevantes.

O arquétipo predominante nas histórias da Disney é o do "Herói". A empresa é famosa por apresentar narrativas que seguem a jornada heroica, em que personagens comuns enfrentam desafios, aprendem e crescem ao longo do caminho, superando medos e obstáculos para alcançar o sucesso. Esse padrão se manifesta em uma ampla gama de produções da Disney, desde os clássicos animados como "O Rei Leão" e "A Bela e a Fera" até os filmes mais recentes do universo Marvel e da franquia Star Wars.

Walt Disney (1901-1966) foi um empreendedor, animador, produtor e roteirista de cinema americano. Ele é amplamente conhecido por ser o fundador da Walt

Disney Company, uma das maiores empresas de entretenimento do mundo, responsável por produzir filmes, programas de televisão, parques temáticos e outros produtos relacionados.

Disney é mais conhecido por ter criado personagens icônicos como Mickey Mouse, Pato Donald, Pateta e outros, além de filmes clássicos de animação como "Branca de Neve e os Sete Anões", "Pinóquio", "Fantasia" e "Bambi". Ele também foi o criador dos parques temáticos da Disney, como a Disneylândia, na Califórnia, e a Disney World, na Flórida, que se tornaram destinos turísticos populares em todo o mundo.

A Walt Disney Company continua a ser uma grande força na indústria do entretenimento, produzindo filmes, programas de televisão, parques temáticos, jogos e outros produtos. O legado de Disney como inovador e pioneiro do entretenimento ainda é comemorado e estudado até hoje.

A Disney é amplamente reconhecida por sua habilidade em criar experiências memoráveis para seus visitantes e clientes. A empresa utiliza uma série de estratégias para promover essas experiências, incluindo:

Tematização: a Disney tematiza seus parques e resorts com base em universos de personagens, histórias e mitos,

> "Lembre-se, tudo começou com um rato."
> **Walt Disney**

o que ajuda a criar uma sensação de imersão para os visitantes. Cada área do parque é cuidadosamente decorada para criar uma atmosfera específica, com detalhes minuciosos que ajudam a contar uma história.

Atendimento ao cliente: a Disney é conhecida por seu atendimento ao cliente de alta qualidade. Os funcionários são treinados para tratar os visitantes com cortesia e respeito, ajudando-os em suas necessidades e fornecendo informações úteis sobre o parque.

Entretenimento: a Disney oferece uma ampla variedade de entretenimento ao vivo, incluindo shows teatrais, desfiles e encontros com personagens. Isso ajuda a criar uma atmosfera de diversão e celebração.

Qualidade do produto: a Disney é conhecida por produzir produtos de alta qualidade, desde seus filmes e programas de TV até seus brinquedos e roupas. Essa qualidade é refletida em seus parques e resorts, que são cuidadosamente projetados e mantidos para garantir que os visitantes tenham uma experiência impecável.

Integração digital: a integração digital da Disney é uma das mais avançadas do mundo, e a empresa tem investido fortemente nessa área nos últimos anos. A Disney tem uma abordagem abrangente para a integração digital, que inclui vários aspectos, como:

> "Todos os nossos sonhos
> podem se realizar,
> se tivermos a coragem
> de persegui-los."
>
> **Walt Disney**

Aplicativos móveis: a Disney oferece vários aplicativos móveis que ajudam os visitantes dos seus parques temáticos a planejar suas visitas, fazer reservas em restaurantes, agendar horários em atrações, obter informações em tempo real sobre as filas nas atrações, entre outras funcionalidades.

MagicBands: as MagicBands são pulseiras com tecnologia RFID que os visitantes podem usar para entrar nos parques temáticos, fazer compras, pegar *fastpasses*[4] etc. As MagicBands são integradas com o aplicativo My Disney Experience, que permite aos visitantes gerenciar todas as suas atividades em um só lugar.

Experiências de realidade aumentada e virtual: a marca tem explorado, cada vez mais, a tecnologia de realidade aumentada e virtual para criar experiências imersivas e interativas em seus parques temáticos. Um exemplo disso é a atração "Star Wars: Rise of the Resistance", que utiliza tecnologia de realidade virtual para criar uma experiência imersiva e envolvente para os visitantes.

Streaming de conteúdo: a Disney lançou recentemente o serviço de streaming Disney+, que oferece uma grande

---

4 Sistema oferecido pela Disney para ajudar os visitantes a reduzir o tempo de espera nas atrações mais populares dos parques temáticos.

variedade de conteúdo produzido pela empresa, incluindo filmes, programas de TV, documentários e muito mais. O Disney+ também inclui conteúdo de outras marcas da empresa, como a Pixar, a Marvel e a National Geographic.

Redes sociais: com uma forte presença nas redes sociais, em que se comunica com seus fãs e clientes, a Disney promove seus produtos e serviços e cria engajamento com a sua base de fãs.

Esses são apenas alguns exemplos da abrangente integração digital da Disney, que abrange muitos aspectos do negócio e tem como objetivo criar uma experiência integrada e envolvente para os seus clientes.

A Disney também é conhecida por ser uma empresa que se dedica a proporcionar experiências únicas e memoráveis para seus clientes em seus parques temáticos, resorts, cruzeiros e outras atrações. Para promover essas experiências, a Disney utiliza diversas estratégias, incluindo:

Storytelling: desde a criação de seus personagens icônicos até a decoração dos seus parques temáticos, cada detalhe é pensado para imergir o visitante em um mundo de fantasia e criar uma experiência mágica.

Personalização: procura personalizar a experiência dos seus clientes o máximo possível, por exemplo, por meio de ofertas, foto personalizada em atrações, sobrenome na chave do quarto, entre outros.

Tecnologia: usa tecnologia para proporcionar uma experiência mais interativa e envolvente.

Ambiente: busca criar um ambiente imersivo, que faça com que os visitantes se sintam como se estivessem em outro mundo. A música, a decoração, a iluminação e outros elementos são pensados para criar uma atmosfera única.

Em resumo, a Disney promove as experiências de seus clientes por meio de uma combinação de *storytelling*, atendimento ao cliente excepcional, personalização, tecnologia e ambiente imersivo. Todas essas estratégias são usadas para criar um mundo mágico e encantador, que deixe uma impressão duradoura na mente dos visitantes.

A Nike também é associada ao herói, um arquétipo que representa a coragem, a determinação e a busca pela realização de objetivos; conhecida por sua imagem forte e motivacional, que promove a ideia de superação e desafio, e que incentiva as pessoas a "Just Do It", slogan muito utilizado pela marca, é vista como uma empresa que ajuda a inspirar e motivar as pessoas a se tornar heróis em suas próprias vidas.

"Você pode sonhar, criar, projetar e construir o lugar mais maravilhoso do mundo, mas é necessário ter pessoas para transformar o sonho em realidade."

Walt Disney

A Nike é uma das maiores empresas de artigos esportivos do mundo. Fundada em 1964, nos Estados Unidos, a empresa é conhecida por seus tênis, roupas e equipamentos esportivos de alta qualidade, e por patrocinar alguns dos melhores atletas do mundo em diversos esportes, incluindo basquete, futebol, atletismo, tênis e golfe.

A Nike é conhecida por sua marca forte e icônica, reconhecida em todo o mundo. A empresa possui uma grande variedade de produtos, que são vendidos em lojas próprias, lojas de departamento e em varejistas on-line.

Além disso, a Nike é reconhecida por suas campanhas publicitárias criativas e inspiradoras, que muitas vezes têm um forte apelo emocional e refletem os valores da marca, como a busca pela excelência, a superação de limites e a igualdade de oportunidades.

A empresa também é conhecida por suas iniciativas de sustentabilidade e responsabilidade social, que incluem o uso de materiais reciclados em seus produtos, a redução de emissões de gases de efeito estufa e o apoio a causas sociais relevantes, como a igualdade de gênero e o combate ao racismo.

Os arquétipos desempenham um papel fundamental no universo empresarial, pois oferecem uma estrutura poderosa para a compreensão e comunicação da identidade e personalidade de uma empresa. Ao identificar e incorporar os arquétipos adequados, as empresas podem conectar-se emocionalmente com seu público-alvo, estabelecer uma marca sólida e diferenciada, e criar uma base estável para a construção de relacionamentos duradouros.

Os arquétipos permitem que as empresas transmitam sua história, valores e propósito de uma maneira profunda e significativa, impactando positivamente a percepção dos consumidores e a sua decisão de compra. Portanto, ao explorar os arquétipos e aplicá-los estrategicamente em suas operações, as empresas têm a oportunidade de se destacar em um mercado competitivo, conquistar a lealdade dos clientes e construir uma marca duradoura.

Escolher o melhor arquétipo para uma empresa é um processo estratégico que envolve autoconhecimento, pesquisa de mercado e alinhamento com a marca. É importante entender a identidade da empresa, seu propósito e público-alvo, bem como analisar os arquétipos que ressoam com eles.

Ao escolher um arquétipo, é essencial considerar sua autenticidade e consistência com a cultura organizacional e valores da empresa. Também é recomendado buscar diferenciação competitiva, escolhendo arquétipos menos explorados pelos concorrentes.

O verdadeiro poder do herói nos negócios está em sua capacidade de liderança, em motivar e engajar sua equipe a atingir resultados extraordinários.

Por meio de testes e feedback contínuos, a empresa pode ajustar e refinar sua escolha para criar uma conexão emocional forte com o público, transmitir sua mensagem de forma impactante e se posicionar de forma única no mercado.

Os arquétipos ajudam a definir o tom da comunicação, o estilo visual, a linguagem e até mesmo a atmosfera dos espaços físicos da empresa. Eles permitem que a empresa conte histórias relevantes e envolventes, que ressoem com os desejos, aspirações e necessidades do público-alvo.

Além disso, os arquétipos podem criar uma sensação de familiaridade e confiança nos clientes. Ao reconhecerem um arquétipo presente na empresa, os clientes podem se identificar e sentir-se mais conectados emocionalmente com a marca. Isso fortalece a fidelidade do cliente e cria uma base sólida para o relacionamento duradouro.

Os arquétipos também auxiliam na diferenciação da marca em um mercado competitivo. Ao escolher um arquétipo único ou adotar uma abordagem diferenciada em relação aos concorrentes, a empresa se destaca e cria uma posição única na mente do cliente.

Em resumo, os arquétipos contribuem para a experiência que a empresa proporciona ao definir sua personalidade, criar conexões emocionais, contar histórias relevantes, criar confiança e diferenciar-se no mercado. Ao utilizar os arquétipos de forma estratégica, a empresa pode proporcionar uma experiência autêntica, cativante e memorável aos seus clientes.

6

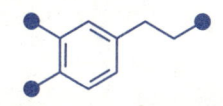

DOPAMINA *EXPERIENCE*

"... experiência ideal é aquela ocasião rara quando sentimos uma sensação de alegria, um profundo senso de prazer que é muito acalentado e que se torna um marco na memória de como a vida deve ser."
Mihaly Csikszentmihalyi

Após percorrermos pontos fundamentais sobre como gerar mais satisfação e resultado no ambiente profissional, chegamos ao capítulo mais importante deste livro.

Vamos abordar o conceito do Dopamina *Experience* e como ele será uma importante ferramenta para ajudar você a identificar os pontos de melhoria e trazer mais resultado em sua empresa e seus negócios.

Dopamina *Experience* é uma junção de boas práticas e processos que visam trazer mais satisfação, motivação e resultados por meio de uma abordagem ímpar no mercado.

O seu objetivo nos negócios é ajudar a criar um ambiente positivo e recompensador que promova maiores e melhores resultados, ativando a liberação de dopamina, ou seja, sentimento de realização, conquista e resultado.

Isso pode levar a uma série de benefícios para os negócios, incluindo maior produtividade, maior engajamento dos colaboradores, maior retenção de clientes e maior sucesso financeiro.

Dopamina *Experience* nos negócios refere-se à aplicação dos princípios da neurociência e da psicologia para criar experiências que estimulem a liberação de dopamina nos clientes, colaboradores e demais *stakeholders* de uma empresa.

Ao adotar o conceito de Dopamina *Experience*, as empresas buscam criar ambientes, produtos e serviços que despertem emoções positivas e proporcionem experiências memoráveis. Isso pode ser alcançado por meio de elementos como design atraente, interatividade, personalização, gamificação, surpresas agradáveis, atendimento excepcional e oferta de recompensas.

Estimulando dopamina nos processos, as empresas têm como objetivo aumentar o envolvimento e a satisfação dos clientes, gerando uma conexão emocional mais profunda e fortalecendo a fidelidade à marca.

A abordagem Dopamina *Experience* nos negócios reconhece a importância das emoções e do bem-estar na forma como as pessoas interagem com as empresas. Ao criar experiências que estimulam a liberação de dopamina, as empresas têm a oportunidade de se destacar no mercado, estabelecer relacionamentos duradouros com seus públicos e impulsionar seu sucesso a longo prazo.

Ele pode definitivamente melhorar os resultados dos negócios. Ao criar experiências que estimulam a liberação de dopamina nos clientes, colaboradores e

> "Dopamina é o bom sentimento que você tem quando espera uma recompensa."
>
> Loretta Graziano Breuning

demais *stakeholders*, as empresas podem alcançar diversos benefícios.

Em relação aos clientes, buscar e melhorar a experiência aumenta a satisfação e o engajamento, o que leva a uma maior fidelidade à marca. Clientes satisfeitos têm mais probabilidade de retornar, recomendar a empresa para outras pessoas e se tornarem defensores da marca, criando, assim, uma conexão emocional mais forte, o que pode diferenciar a empresa da concorrência e aumentar sua participação de mercado.

No que diz respeito aos colaboradores, proporcionar experiências no ambiente de trabalho aumenta a motivação, o bem-estar e o senso de pertencimento. Colaboradores engajados e satisfeitos são mais produtivos, criativos e leais à empresa. Além disso, uma cultura organizacional que valoriza a melhoria contínua em seus processos e pessoas atrai e retém mais talentos, pois as pessoas desejam trabalhar em empresas que valorizam seu bem-estar e oferecem um ambiente estimulante.

O resultado e o sentimento de conquista, quando alcançados, também impactam nos resultados financeiros das empresas. Clientes satisfeitos e fiéis tendem a gerar mais receita por meio de compras recorrentes e recomendações para outros clientes em potencial. Além disso,

Uma empresa que se preocupa com o bem-estar dos seus colaboradores é como um lar acolhedor, onde todos se sentem valorizados e respeitados.

colaboradores motivados e engajados são mais eficientes, o que pode resultar em maior produtividade e redução de custos operacionais.

Os resultados dos negócios vão melhorar ao aumentar a satisfação e a fidelidade dos clientes, promover um ambiente de trabalho leve, positivo e produtivo, atrair e reter talentos, e impulsionar o desempenho financeiro da empresa.

Esse é um ambiente onde você se sente valorizado, respeitado e reconhecido pelo seu trabalho. Assim como em um lar, uma empresa que se preocupa com o bem-estar dos seus colaboradores promove um ambiente saudável, onde as pessoas podem crescer, desenvolver-se e alcançar seu potencial máximo.

Da mesma forma, assim como em um lar, uma empresa precisa de uma cultura forte, baseada em valores e princípios compartilhados por todos. É nesse ambiente que a confiança, a colaboração e o trabalho em equipe florescem, impulsionando o sucesso coletivo.

Então, faça da sua empresa o seu novo lar, onde você não apenas trabalha por dinheiro, mas também por um propósito. Um espaço no qual você vive e constrói uma jornada significativa e gratificante.

Logo, todas as informações, conceitos, referências, métodos e estratégias abordados neste livro são peças fundamentais para montar o quebra-cabeça do seu negócio. Ao adotar esse processo de desenvolvimento, você estará dando vida a cada uma dessas peças, permitindo que elas se encaixem perfeitamente e criem a imagem completa do sucesso que você busca alcançar.

Para uns, o preço pode ser muito alto; para outros, pode ser uma nova oportunidade. E, para alguns, uma nova vida, uma esperança no fim do túnel ou nas profundidades do fundo do poço.

Não importa onde você esteja, o importante é movimentar-se, frequentar ambientes diferentes, olhar para as pessoas ao seu redor, eliminar pesos, seguir exemplo e estratégias de empresas que dão certo, aplicar novos métodos e ter grandes ideias.

Tudo que se faz com amor, respeito e por um propósito maior, se faz pelo todo!

O Dopamina *Experience* nasceu com o objetivo exclusivo de promover o desenvolvimento empresarial de forma integral.

É um programa inovador projetado para ajudar as empresas a impulsionar o desempenho, a produtividade e o bem-estar dos colaboradores por meio da aplicação dos princípios da dopamina. Ele oferece uma abordagem prática e baseada em evidências para criar um ambiente de trabalho estimulante, motivador e de alto desempenho.

O foco é compartilhar fundamentos da dopamina e sua influência no comportamento humano e nos resultados empresariais. Aqui vamos explorar estratégias eficazes para aumentar a motivação, o engajamento, a criatividade e a satisfação dos colaboradores.

Ao aprender sobre esse método, você estará equipado com as habilidades, conhecimentos e ferramentas necessárias para impulsionar a cultura empresarial, fortalecer o engajamento dos colaboradores e alcançar resultados excepcionais. O Dopamina *Experience* é uma oportunidade única de investir no crescimento e sucesso de sua empresa, criando um ambiente de trabalho inspirador e eficiente.

Qualquer empresa pode se beneficiar significativamente do Dopamina *Experience* em sua organização. Aqui estão algumas maneiras pelas quais ele pode ser vantajoso:

Melhoria do engajamento dos colaboradores: ajuda a criar um ambiente de trabalho positivo e estimulante, onde os colaboradores se sentem motivados e engajados em suas atividades. Isso resulta em maior produtividade, criatividade e satisfação no trabalho.

Aumento da retenção de talentos: ao oferecer uma experiência positiva no trabalho, focada em proporcionar prazer e recompensas adequadas, o Dopamina *Experience* ajuda a empresa a atrair e reter talentos qualificados. Colaboradores engajados e satisfeitos são mais propensos a permanecer na empresa a longo prazo.

Estímulo à inovação: a dopamina está associada ao pensamento criativo e à busca por novas soluções. Ao aplicar os princípios do Dopamina *Experience*, a empresa pode criar um ambiente propício à inovação, encorajando os colaboradores a pensar fora da caixa e propor ideias inovadoras.

Aumento da produtividade e desempenho: ao compreender os fatores que impulsionam a liberação de dopamina, a empresa pode criar sistemas e estratégias que aumentam a motivação e a produtividade dos colaboradores. Isso resulta em um melhor desempenho organizacional e alcance de metas e objetivos.

Melhoria da experiência do cliente: pode ser aplicado no atendimento ao cliente, proporcionando uma experiência positiva e gratificante. Colaboradores motivados e engajados têm maior probabilidade de oferecer um atendimento excepcional, resultando em maior satisfação do cliente e fidelidade à marca.

Fortalecimento da cultura organizacional: o Dopamina *Experience* pode ser integrado à cultura organizacional, fortalecendo os valores e princípios da empresa. Isso cria um senso de identidade compartilhada e promove um ambiente de trabalho coeso e inspirador.

Melhoria dos resultados financeiros: com colaboradores engajados, produtivos e focados na excelência, a empresa pode alcançar melhores resultados financeiros. Por meio do Dopamina *Experience*, a empresa pode impulsionar o desempenho e a eficiência, resultando em maior lucratividade e sucesso a longo prazo.

Em resumo, o Dopamina *Experience* pode trazer inúmeros benefícios para empresas, desde o engajamento dos colaboradores até a melhoria da experiência do cliente e dos resultados financeiros. Ao investir na aplicação dos princípios da dopamina, a empresa cria um ambiente estimulante e gratificante, impulsionando o sucesso organizacional.

Lembre-se: ao priorizar a criação de experiências que estimulam a liberação de dopamina, as empresas estão investindo no sucesso a longo prazo e na construção de relacionamentos duradouros com seus públicos.

Acreditamos que TUDO que você quer está em pessoas. As maiores riquezas que você procura estão em pessoas. Tudo que fizer a favor das pessoas terá vida longa e muito sucesso.

O efeito dopamina restaura a esperança, restaura o sentido de viver! Por meio do seu negócio, você vai restaurar sonhos e tornar real o que antes era impossível.

Faça da sua empresa um ambiente pacífico, agradável e harmônico. Compreenda que o seu negócio será o sustento e a esperança para muitas famílias. Servindo seus colaboradores, você estará servindo as famílias deles.

Faça da sua empresa um bom lugar para estar, além de seu próprio lar, um lugar onde você se sinta acolhido, motivado e inspirado todos os dias. Quando você enxerga a empresa como enxerga um lar, você desenvolve um senso de pertencimento e comprometimento que vai além das obrigações profissionais.

6

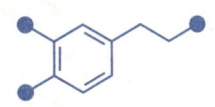

BIG IDEA

"Ideias são o ponto de partida de todas as fortunas. Ideias são produtos da imaginação."
Napoleon Hill

Big idea (do inglês, grande ideia) é um conceito muito usado em publicidade e marketing, que se refere a uma ideia central e poderosa que impulsiona toda a campanha de marketing de uma empresa. É a ideia criativa que se concentra no eixo principal do produto ou serviço, e que tem como objetivo chamar a atenção do público, aumentar a conscientização e, finalmente, gerar conversões e vendas.

A *big idea* deve ser uma mensagem simples, clara e memorável que se conecte emocionalmente com o público-alvo. Ela deve ser diferenciada, relevante e autêntica, de modo que os consumidores possam se relacionar e entender a proposta de valor da empresa, ajudando a se destacar e a se posicionar de maneira diferenciada, gerando maior interesse de compra.

Sem dúvida nenhuma, uma *big idea* bem elaborada pode gerar uma excelente experiência, sendo transmitida por vários canais de marketing. Quando bem executada, pode ajudar a fortalecer a marca, gerar lealdade do cliente e impulsionar o crescimento da empresa.

Nunca subestime o poder de uma grande ideia nos negócios. Ela pode mudar o curso da história da sua empresa.

6.1 TUDO PARTE DE UMA IDEIA

Depois de ter uma *big idea*, a empresa pode trabalhar para executá-la por meio de uma estratégia de marketing abrangente, que inclui o desenvolvimento de um plano de ação para implementar a ideia em diversos canais de marketing e comunicação.

A ideia também pode ser usada para desenvolver novos produtos e serviços, ou para melhorar os existentes, levando em conta a proposta de valor da empresa. Por exemplo, a *big idea* pode ser usada para inspirar o design de embalagens, a criação de novas funcionalidades ou a oferta de promoções e descontos aos clientes.

Uma vez que a ideia é implementada, a empresa pode medir o impacto e o retorno sobre o investimento da campanha de marketing, monitorando a resposta do público e o aumento nas vendas e na conscientização da marca. Com base nesses resultados, a empresa pode ajustar sua abordagem e continuar a evoluir a ideia e suas táticas de marketing para alcançar os objetivos estabelecidos.

Ter uma *big idea* pode levar a uma série de possíveis consequências, que dependem do tipo de ideia e da forma como ela é executada. Algumas possibilidades incluem:

> O marketing bem executado pode transformar uma marca desconhecida em uma referência no mercado.

Aumento do reconhecimento da marca: se for bem executada e se conectar emocionalmente com o público, ela pode ajudar a aumentar o reconhecimento da marca e a conscientização dos produtos ou serviços que a empresa oferece.

Aumento das vendas: se bem-sucedida, pode levar a um aumento das vendas e do lucro da empresa, especialmente se ela for capaz de criar um desejo pelo produto ou serviço oferecido.

Diferenciação da concorrência: se for criativa e original, pode ajudar a empresa a se diferenciar da concorrência, mostrando aos consumidores que a empresa é única e tem algo único a oferecer.

Fortalecimento da lealdade do cliente: se ressoar com o público e se conectar emocionalmente com os consumidores, ela pode ajudar a construir lealdade à marca e aumentar a fidelidade do cliente.

No entanto é importante lembrar que essa grande ideia, por si só, não garante o sucesso de uma campanha de marketing. A execução adequada, a segmentação de público, o uso de canais de marketing adequados e a avaliação de resultados são fundamentais para garantir que a *Big Idea* seja bem-sucedida, pois isso pode trazer várias possibilidades positivas para uma empresa. Aqui estão algumas coisas que podem acontecer depois de ter uma *big idea*:

Geração de interesse e *buzz*: tornar-se forte e atraente pode gerar interesse e *buzz* significativos em torno da marca ou produto. Isso pode resultar em aumento de tráfego no site, engajamento nas mídias sociais e mais visitas nas lojas físicas.

Aumento de vendas: identifica-se com o público e o inspira a tomar medidas, podendo levar a um aumento nas vendas. Quando os clientes são motivados a agir por causa de uma mensagem criativa e atraente, é mais provável que comprem ou se envolvam com a marca.

Fortalecimento da marca: uma *big idea* poderosa pode ajudar a fortalecer a identidade da marca e criar uma conexão emocional com o público. Quando uma mensagem criativa e cativante ressoa com o público, a marca se torna mais memorável e distintiva, ajudando a aumentar a fidelidade do cliente.

Diferenciação da concorrência: ter uma grande ideia única e diferenciada pode ajudar a empresa a se destacar da concorrência e se tornar a escolha preferida dos consumidores. Quando uma mensagem criativa é única e autêntica, ela pode ajudar a destacar a marca e destacar suas características distintivas.

No geral, ter uma *big idea* forte e criativa pode ser um grande impulso para a empresa. Ele pode gerar interesse, engajamento e vendas, e ajudar a marca a se destacar da concorrência e a fortalecer sua presença no mercado.

Para que isso aconteça, é necessário observar alguns pontos para o crescimento do seu negócio, como a oferta, a promessa e o seu diferencial, que seguem para um método voltado ao resultado.

6.2 OFERTA

Oferta é um termo utilizado em economia que se refere à quantidade de um produto ou serviço que está disponível no mercado para ser vendido a um determinado preço. A oferta de um produto ou serviço depende de vários fatores, como o custo de produção, a disponibilidade de matérias-primas, a tecnologia empregada na produção, a concorrência, entre outros.

As empresas, frequentemente, utilizam ofertas como estratégia para atrair novos clientes, impulsionar vendas adicionais entre os clientes existentes e otimizar o estoque de produtos com baixa demanda. Essas ofertas podem assumir diversas formas, como descontos irresistíveis, pacotes especiais, brindes exclusivos, frete grátis e muito mais.

O objetivo é criar uma proposta de valor atraente que incentive o consumidor a comprar ou contratar o produto ou serviço oferecido.

A oferta é influenciada pela lei da oferta e da procura, que determina que a quantidade de um produto ou serviço disponível aumenta conforme o preço sobe, e diminui conforme o preço cai. Por outro lado, a quantidade demandada aumenta quando o preço cai e diminui quando o preço sobe. Essa dinâmica entre oferta e procura tem um papel fundamental na precificação e no equilíbrio do mercado.

Assim, a oferta de um produto ou serviço é um fator importante na determinação do seu preço e pode influenciar diretamente a decisão do consumidor na hora da compra. Empresas e produtores precisam estar atentos à oferta do mercado e ajustar seus preços e estratégias de produção de acordo com a demanda e a concorrência, para garantir que seu produto ou serviço seja competitivo e atraia os consumidores.

Uma oferta irresistível é uma proposta ou promoção tão atrativa e valiosa para um cliente que se torna difícil resistir. Geralmente, uma oferta irresistível é aquela que oferece um grande valor por um preço relativamente

> Oferecer um produto atraente é combinar qualidade, funcionalidade e um toque de magia.

baixo ou uma vantagem significativa que o cliente não encontraria em outro lugar.

Uma oferta irresistível pode assumir muitas formas diferentes, dependendo do produto ou serviço oferecido, do público-alvo e do objetivo da oferta. Pode incluir descontos, brindes, serviços adicionais gratuitos, bônus exclusivos, entre outros.

O objetivo de uma oferta irresistível é atrair e persuadir os clientes a fazer uma compra, a tomar uma decisão ou a se comprometer com uma ação específica. Quando bem planejada e executada, uma oferta irresistível pode ser uma estratégia poderosa para aumentar as vendas e o engajamento do cliente.

6.3 DIFERENCIAL

Um diferencial é um atributo ou característica distintiva que destaca um produto, serviço ou a empresa em relação à concorrência. É algo que faz com que um produto ou serviço se destaque, oferecendo benefícios únicos e vantagens exclusivas para os clientes.

No âmbito empresarial, o diferencial pode ser uma estratégia competitiva para conquistar clientes e ampliar a fatia de mercado. O diferencial pode estar relacionado à qualidade, inovação, atendimento ao cliente, preço competitivo, design atraente, sustentabilidade, conveniência ou qualquer outro aspecto que agregue valor e se destaque no mercado. É o que torna a oferta única e atrativa, proporcionando uma vantagem competitiva significativa.

Por exemplo, um restaurante que oferece pratos vegetarianos em um bairro onde não há muitas opções desse tipo pode usar isso como um diferencial para atrair clientes que buscam uma alimentação mais saudável. Uma loja de roupas que utiliza tecidos sustentáveis em suas coleções pode se destacar em um mercado cada vez mais preocupado com a preservação ambiental.

Ter um diferencial pode ser importante para estabelecer uma vantagem competitiva e aumentar a fidelidade dos clientes. No entanto, é preciso cuidado para não criar diferenciais que não sejam relevantes para os clientes ou que não possam ser sustentados a longo prazo.

Para ter um bom diferencial na sua empresa, você pode seguir algumas dicas:

Conheça o mercado: pesquise e analise o mercado em que a sua empresa atua ou pretende atuar. Identifique as principais tendências, as necessidades dos clientes e as lacunas que ainda não foram preenchidas por outras empresas.

Diferencie-se ou morra. Em um mercado competitivo, ter um diferencial claro é fundamental para a sobrevivência.

Conheça seus clientes: entenda quem são seus clientes, quais são seus desejos, necessidades e expectativas em relação ao seu produto ou serviço. Isso pode ser feito por meio de pesquisas, feedbacks, análise de dados e outras ferramentas de pesquisa de mercado.

Identifique seus pontos fortes: analise o que a sua empresa já oferece de melhor, o que a faz se destacar em relação à concorrência. Pode ser a qualidade do produto, o atendimento ao cliente, a rapidez na entrega ou outros fatores.

Identifique lacunas: identifique as lacunas que existem no mercado ou nas expectativas dos clientes que a sua empresa possa preencher. Pode ser um novo recurso, um serviço personalizado, um produto que atenda a uma necessidade específica do cliente ou outra solução que a concorrência ainda não oferece.

Inove: seja criativo e inove, desenvolvendo produtos ou serviços que sejam únicos e ofereçam benefícios exclusivos aos seus clientes. Pense em novas formas de atender às necessidades dos clientes, tornando sua empresa referência em seu setor.

Foco no cliente: coloque o cliente no centro de todas as decisões da sua empresa. Foque em oferecer a melhor experiência possível para o cliente e crie um relacionamento de confiança e fidelidade.

Lembre-se de que o diferencial da sua empresa deve ser algo relevante e significativo para os clientes, e que possa ser sustentado a longo prazo. Além disso, é importante comunicar bem o seu diferencial, por meio de uma estratégia de marketing clara e eficiente, para que os clientes possam reconhecê-lo e valorizá-lo.

Algumas dicas que podem ajudar a criar um bom diferencial são:

Pesquise e entenda o mercado: conheça seus concorrentes, seus pontos fortes e fracos, e as necessidades do público-alvo.

Identifique um nicho de mercado: procure oportunidades em segmentos específicos do mercado que não estejam sendo atendidos adequadamente.

Foque em um atributo chave: escolha um atributo ou característica do seu produto ou serviço que seja relevante e possa se tornar um diferencial.

Invista em qualidade: ofereça produtos ou serviços de qualidade superior à média do mercado.

Invista em inovação: busque soluções criativas e inovadoras que possam se tornar um diferencial.

Foque no atendimento ao cliente: ofereça um atendimento de excelência, com foco na satisfação do cliente.

Crie uma experiência única: procure oferecer aos clientes uma experiência de compra ou uso do produto/serviço que seja diferenciada e memorável.

Lembre-se de que ter um bom diferencial não é suficiente por si só, é preciso que ele seja sustentável e que possa ser mantido ao longo do tempo. Além disso, é importante comunicar bem seu diferencial aos clientes e destacá-lo em suas campanhas de marketing e comunicação.

7

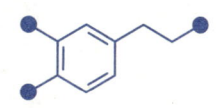

PROPÓSITO

"Conhecer o propósito de sua vida faz com que ela tenha sentido."
Rick Warren

Propósito é a razão de ser de uma empresa ou organização, como a sua missão e princípios fundamentais. Ele descreve o impacto que a empresa pretende causar no mundo, além de definir sua identidade e identificar sua função na sociedade.

Ter um propósito claro e definido ajuda a orientar as decisões e ações da empresa, permitindo que ela possa criar um valor mais significativo para seus clientes, colaboradores e sociedade em geral. O propósito deve ser uma declaração clara e inspiradora que guie a empresa a longo prazo, e deve estar presente em todas as ações e decisões tomadas pela organização.

Propósito pode ser definido como a razão ou motivação que impulsiona uma pessoa ou organização a agir de determinada forma. É uma ideia ou missão que transcende a busca por lucro ou sucesso material, e busca dar sentido e significado às ações de uma empresa ou indivíduo.

No âmbito empresarial, o propósito é a chave para se destacar no mercado, atrair talentos e conquistar clientes que compartilham dos mesmos valores. Além disso, ter um propósito claro pode aumentar a motivação e o engajamento dos colaboradores, uma vez que eles se sentem parte de algo maior do que apenas realizar tarefas diárias.

Propósito nas empresas pode ser definido como a razão de existir da organização, além dos objetivos financeiros e comerciais. É uma declaração ou manifesto que expressa a missão, visão e valores da empresa, e busca dar significado e direcionamento às suas ações e decisões.

O propósito vai além da busca por lucro ou sucesso material, é uma ideia ou motivação que busca criar valor e impacto positivo no mundo e na sociedade. Ele pode ser uma fonte de inspiração para os colaboradores, ajudando a criar um senso de pertencimento e engajamento com a empresa, além de alinhar os valores da organização com os valores de seus clientes e parceiros.

Um propósito bem definido pode ser uma vantagem competitiva para a empresa, diferenciando-a no mercado e atraindo clientes e talentos que compartilham dos mesmos valores. Além disso, pode ser uma fonte de inspiração para a criação de novos produtos e serviços que estejam alinhados com a missão da empresa.

Para linkar o propósito da empresa com a experiência que ela pode proporcionar, é preciso entender que o propósito não é apenas uma declaração bonita ou uma frase de efeito.

Encontre o seu propósito e você encontrará uma fonte inesgotável de motivação e inspiração.

O propósito deve ser a razão de ser da empresa, o que a motiva a existir e o que ela busca entregar para o mundo.

A partir disso, é possível definir a experiência que a empresa deseja proporcionar aos seus clientes, alinhando-a com o seu propósito. Por exemplo, se o propósito da empresa é promover um mundo mais sustentável, a experiência proporcionada pode incluir ações de conscientização e educação ambiental, produtos e serviços que são ecologicamente corretos, entre outras iniciativas que estejam em consonância com o propósito.

O importante é que a empresa seja coerente com seu propósito em todas as suas ações e na forma como se relaciona com seus clientes, colaboradores e demais *stakeholders*, proporcionando uma experiência autêntica e genuína, que reforce os valores e princípios da empresa.

Descobrir o propósito da empresa é um processo transformador que envolve autoconhecimento, análise interna e externa, engajamento dos colaboradores e definição de uma declaração inspiradora. Ao identificar o propósito, a empresa pode alinhar suas ações e decisões em torno de uma causa maior, gerando significado e direcionamento.

O propósito é uma bússola que guia a empresa em direção a um futuro mais significativo e resiliente.

Nosso propósito é ajudar empresas a promoverem a

felicidade, a conquista, a satisfação e o sucesso financeiro, tanto para os colaboradores quanto para os clientes. Ao adotar essa abordagem em sua empresa, você pode ajudar a criar uma cultura de trabalho positiva e produtiva e uma experiência de cliente única e memorável. Com o tempo, essa abordagem pode ajudar a impulsionar o crescimento do seu negócio e levar a níveis mais elevados de sucesso.

QUAL É O SEU PROPÓSITO?

7.1 O PESO DO PROCESSO

O processo mais desafiador de eliminar os pesos é permitir que as pessoas – clientes, colaboradores, amigos ou familiares sigam em frente. Deixá-las seguir seu próprio caminho e respeitar o processo individual de cada um é também permitir-se avançar. Para evoluir, é preciso movimentar-se e adaptar-se a novos ambientes, tornando-se uma pessoa global. É necessário se mover e deixar partir para abrir espaço para novas experiências e oportunidades de crescimento.

Todas as pessoas estão envolvidas em seu próprio processo de vida. Quando compreendemos que viver de forma leve implica permitir que os outros sigam seu próprio caminho e reconhecemos que cada um está em um estágio diferente, estamos aceitando tanto a vida do outro quanto a nossa própria vida. Respeitar o próximo como a nós mesmos é um princípio fundamental para cultivar relacionamentos saudáveis e construir uma sociedade harmoniosa.

Quando oferecemos ajuda sem que tenha sido solicitada, corremos o risco de interferir no processo do outro, podendo nos tornar um fardo tanto para nós mesmos quanto para a outra pessoa. A falta de respeito mútuo e

O peso do processo é o que nos ajuda a evitar erros, alcançar consistência e melhorar os resultados em todas as áreas da vida e do trabalho.

compreensão do momento em que o outro se encontra pode gerar um desequilíbrio nos relacionamentos, isso em todos os ambientes.

É necessário deixar que as pessoas sigam as suas vidas de forma leve, dentro do seu propósito, pois quando começamos a nos movimentar para uma transformação de vida, tudo ao nosso redor vai conspirar para isso. Mesmo que inconscientemente, tudo pode mudar. Se estou em busca de algo diferente em meus negócios e relacionamentos, em comparação ao que estou vivendo atualmente, o movimento deve partir de mim, realizando ações que ainda não fiz anteriormente, a fim de obter resultados diferentes dos que tenho alcançado até então.

A grande questão é como fazer isso. Por onde começar? Olhe ao seu redor, olhe para as pessoas que trabalham com você. É leve ou é pesado? Vocês estão alinhados, andando na mesma direção, com os mesmos sentimentos, com o mesmo amor um pelo outro, ou está em um ambiente com pessoas que fazem você chegar ao final do dia cansado, com suas forças drenadas, onde há muitas reclamações, fofocas, brigas, ressentimentos, raiva, ódio, vícios envolvidos, desrespeito, humilhação, falta de empatia e de comprometimento. Se você estiver em um ambiente assim, com certeza está pesado.

Pode ser também que você seja a pessoa que está sendo um peso para sua empresa, isso acontece devido a sua insatisfação com o ambiente. Logo, a melhor coisa a fazer é: mude-se! O ambiente só muda quando você escolhe não mais fazer parte dele.

O processo dopamina traz vida, traz cura, une propósito, lança fora todo o medo, faz romper o impossível, restitui tudo aquilo que foi perdido e faz o amor acontecer. Por meio da dopamina é possível olhar para a maior fonte de renda que todos podem ter: pessoas de propósito, com empatia, amor pelo processo do outro, respeito, comprometimento, dedicação e humildade; são pessoas que estão prontas para servir, dispostas a fazer a diferença na vida do outro, a ajudar quando são solicitadas e a estar disponíveis para contribuir positivamente em seus negócios, junto aos clientes e colaboradores.

A dopamina está constantemente envolvida nesse processo, que nos leva a fazer uma autoanálise e perceber que não estamos apenas de passagem neste mundo. A vida é para ser vivida de forma leve, e isso só é possível quando nos permitimos despertar, abrir os olhos e enxergar as dádivas que nos são presenteadas todos os dias. Quando temos o coração aberto, não nos

Praticar a empatia nos torna mais conscientes das necessidades e dos sentimentos dos outros, promovendo um mundo mais solidário.

encaixamos mais em ambientes que são contrários ao nosso prazer de pertencer e de estar plenamente feliz.

Talvez, muitos movimentos não sejam tão simples de fazer; são como uma transformação gradual, que pode levar anos para se concretizar. No entanto, uma vez que essa transformação ocorre, a vida nunca mais será a mesma.

Pagar o preço do processo nem sempre será simples, mas sim doloroso, inconstante. Muitas vezes, você sentirá que não está fazendo o correto ou terá que mudar a sua forma de pensar e de agir, pois nada será simples e fácil. Esta é uma realidade: estar disposto a transformar uma cultura organizacional, ou se transformar para essa nova cultura, implicará processos doloridos e momentos em que você pensará em desistir, acreditando que voltou à estaca zero.

É muito importante pensar nisso e compreender que, por mais que pareça ser um mundo maravilhoso, os percalços vão continuar, os problemas vão continuar, a vida vai continuar e sempre será um desafio todos os dias. O que muda é como você vai lidar com isso, como você vai reagir e quanto tempo você demorará para se reerguer de cada obstáculo que enfrentar, qual será a sua atitude.

Lidar com obstáculos requer uma mentalidade positiva e uma crença inabalável de que é possível superá-los. Foque nas soluções, não nos problemas.

Nem sempre enfrentar será a melhor opção, mas é essa escolha que determinará se você aceita e permanece onde está ou se se lança em direção ao que tanto busca.

Acredite, nem todos os dias serão floridos, mas todos os dias podem ser transformadores. Você pode decidir não ser mais o mesmo que você foi ontem; ter atitudes diferentes, olhares mais voltados para o seu foco e manter a sua vida mais organizada.

Nenhum processo será simples, nem o seu nem o do outro, e isso faz refletir que cada um está no seu processo. O respeito é primordial nesse momento, respeite o processo do outro, e assim o seu será respeitado. Compreenda que as dificuldades pelas quais você está passando talvez sejam as dificuldades do outro em um grau maior ou menor, e que ele pode ajudar você também.

Por isso, escute, internalize e compreenda se o que os outros estão trazendo e compartilhando com você pode ser importante para o seu crescimento ou não; filtre, pois nem tudo é válido.

Por mais que tenhamos enfatizado a importância de estabelecer princípios para o seu negócio, esses princípios são criados por pessoas. Em quais princípios os seus sonhos estarão apoiados?

> Uma empresa que se baseia em princípios éticos se torna um exemplo a ser seguido, inspirando outras organizações a agir de forma responsável.

Independentemente de estar do lado do cliente, fornecedor, colaborador ou empreendedor, se os princípios do negócio não estiverem alinhados com os seus, ao longo do tempo haverá um desalinhamento inevitável. É essencial compreender se os princípios estabelecidos estão verdadeiramente refletidos nos resultados. Não basta apenas falar ou escrever belas palavras em um quadro na parede principal, visível para todos, se realmente não passar disso: um quadro bonito e sem serventia.

O Processo *Dopamina Experience* nasceu voltado aos princípios do Amor, Respeito, Equilíbrio, Liberdade, Verdade e Honestidade, pois acreditamos que esses princípios são a base para todas as decisões que formos tomar. Se olharmos para isso, então poderemos seguir leves, pois o fizemos com base no que acreditamos.

Isso vale para todos, pois o que você levar como princípio deve ser cumprido principalmente por você, pois tudo é sobre você, o tempo todo. Então você saberá avaliar se o princípio do outro está alinhado ao seu. Caso não esteja, a escolha sempre será sua de permanecer ou ir embora, para que aquilo não se torne um peso ou você acabe sendo um.

A dopamina é despertada quando nos esforçamos para ser pessoas melhores, quando olhamos as coisas com mais carinho, dedicação e comprometimento. É compreender que Deus está presente em todas as coisas e que temos apenas uma vida para viver.

**NÃO HÁ OUTRA CHANCE:
VÁ VIVER...!
É SOBRE ISSO!**

"Todo homem tem duas vidas, a segunda começa quando ele descobre que só tem UMA!"
Marcos Piangers

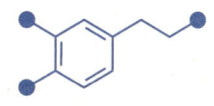

CONCLUSÃO

"A alegria da vida é viver no agora."
Eckhart Tolle

O propósito da Dopamina *Experience* nos negócios é ajudar a criar um ambiente de trabalho ou experiência para os clientes que promova a liberação de dopamina no cérebro, proporcionando felicidade, motivação e satisfação.

Quando as pessoas experimentam a liberação de dopamina, elas se sentem mais motivadas, engajadas e produtivas em seu trabalho, e mais felizes e satisfeitas com suas experiências como clientes.

O objetivo da Dopamina *Experience* nos negócios é ajudar a criar um ambiente positivo e recompensador, que promova a liberação de dopamina. Isso pode levar a uma série de benefícios para os negócios, incluindo maior produtividade, maior engajamento dos colaboradores, maior retenção de clientes e maior sucesso financeiro.

Ao adotar uma mentalidade positiva e motivada, e aplicar as estratégias e técnicas apresentadas neste livro, você pode criar uma Dopamina *Experience* nos negócios, o que pode ajudar a levar sua empresa ao próximo nível, que são as empresas de segunda onda.

Ao fornecer aos colaboradores e clientes experiências que promovem a liberação de dopamina, você está

A positividade não nega a existência de desafios, mas nos encoraja a enfrentá-los com otimismo, resiliência e determinação.

criando um ambiente de trabalho ou experiência de que as pessoas desejam fazer parte.

Com este livro, é possível compreender e adotar meios que podem levar o negócio para uma direção totalmente diferente de uma realidade convencional, sem pesos e frustrações diárias.

Quando a sua empresa optar por olhar para as pessoas, ela entrará em um movimento de descoberta de um novo momento de ser empresa, pois a base de tudo isso sempre será o respeito. Quando temos respeito um pelo outro, compreendemos o seu processo, não deixamos que pesos façam parte, não trabalhamos para o dinheiro; compreendemos que podemos ter uma empresa saudável, voltada para um propósito maior, em que todos estejam alinhados ao princípios que a regem, levando o mesmo para a sua vida.

Proporcionar uma experiência é muito mais que só um momento, um ambiente, uma dedicação, é ter pessoas que querem estar ao seu lado pelo que você acredita, e o que você acredita passa a dar sentido aos sonhos de cada um, fazendo com que eles acreditem em si mesmos.

Quando essa compreensão é internalizada, sua empresa se torna um ímã para pessoas que desejam fazer parte desse movimento. Seu negócio não será apenas um marketing superficial, mas sim uma fonte de esperança para muitos. Cada indivíduo, guiado pelos seus princípios, vai lutar pelo propósito estabelecido, unindo pessoas em uma jornada de prazer, motivação e cura.

Empresas com missão, princípios e propósitos são empresas que buscam a evolução com pessoas e por pessoas, são propulsoras de novos caminhos e prosperidade coletiva.

O Dopamina *Experience* é o meio e o caminho para quem deseja fazer parte da segunda onda de negócios bem-sucedidos, leves e prósperos no aqui e agora. Promove interdependência, em que cada parte não depende exclusivamente da outra, mas reconhece a importância e a necessidade mútua.

Aproveite o presente do presente que é dado todos os dias; desacelere, contemple tudo que está disponível!
Recupere o tempo perdido e crie uma nova história, gerando uma sinergia. Unidos, tornamo-nos um só e somos muito maiores juntos!
Não fizemos nada grande sozinhos!

A JORNADA NÃO PARA POR AQUI!

Para saber mais e obter material exclusivo, acesse nosso site:
https://dopaminaexperience.com

REFERÊNCIAS BIBLIOGRÁFICAS

ACHOR, Shawn. *The Happiness Advantage: The Seven Principles of Positive Psychology That Fuel Success and Performance at Work*. 1. ed. New York: Crown Business, 2010.

BRAUN, Adam. *The Promise of a Pencil: How an Ordinary Person Can Create Extraordinary Change*. 1. ed. Nova York: Scribner, 2014.

BREUNING, Loretta Graziano. *Habits of a Happy Brain: Retrain Your Brain to Boost Your Serotonin, Dopamine, Oxytocin, & Endorphin Levels*. 1. ed. Beverly: Adams Media, 2015.

CAMPBELL, Joseph. *The Hero with a Thousand Faces*. 1. ed. Novato: New World Library, 2008.

CHURCHILL, Winston. *Never Give In!: The Best of Winston Churchill's Speeches*. Londres: Pimlico, 2005.

COLLINS, Jim. *Empresas Feitas para Vencer: Por que algumas empresas alcançam a excelência e outras não*. 10. ed. Rio de Janeiro: Elsevier, 2012.

COVEY, Stephen R. *Principle-Centered Leadership*. 1. ed. New York: Free Press, 1992.

FRANKL, Viktor E. *Em busca de sentido: Um psicólogo no campo de concentração*. 28. ed. Petrópolis, RJ: Vozes, 2015.

GOLDRATT, Eliyahu M. *The Goal: A Process of Ongoing Improvement*. 1. ed. Great Barrington, MA: North River Press, 1984.

HEATH, Chip; HEATH, Dan. *Switch: How to Change Things When Change Is Hard*. 1. ed. New York: Broadway Books, 2010.

HILL, Napoleon. *Think and Grow Rich*. 1. ed. Nova York: The Ralston Society, 1937.

HILL, Napoleon. *Think and Grow Rich*. 1. ed. New York, NY: The Ralston Society, 1937.

HOFFMAN, Reid; YEH, Chris. *Blitzscaling: The Lightning-Fast Path to Building Massively Valuable Companies*. 1. ed. Nova York, NY: Currency, 2018.

HSIEH, Tony. *Delivering Happiness: A Path to Profits, Passion, and Purpose*. 1. ed. New York: Business Plus, 2010.

JUNG, Carl Gustav. *Memórias, Sonhos, Reflexões*. 26. ed. Petrópolis: Vozes, 2015.

JUNG, Carl Gustav. *Os arquétipos e o inconsciente coletivo*. Petrópolis: Vozes, 6ª ed., 2017.

JUNG, Carl. *The Collected Works of C.G. Jung*. 2. ed. Princeton: Princeton University Press, 1970.

MARK, Margaret; PEARSON, Carol S. *The Hero and the Outlaw: Building Extraordinary Brands Through the Power of Archetypes*. 1. ed. New York: McGraw-Hill, 2001.

MARK, Margaret; PEARSON, Carol S. *The Hero and the Outlaw: Building Extraordinary Brands Through the Power of Archetypes*. 1. ed. New York: McGraw-Hill, 2001.

RIES, Eric. *The Lean Startup: How Today's Entrepreneurs Use Continuous Innovation to Create Radically Successful Businesses*. 1. ed. Nova York: Crown Business, 2011.

SINEK, Simon. *Start with Why: How Great Leaders Inspire Everyone to Take Action*. 1. ed. New York, NY: Portfolio, 2009.

TOLLE, Eckhart. *The Power of Now: A Guide to Spiritual Enlightenment*. 1. ed. Novato: New World Library, 1999.

TROUT, Jack. *Differentiate or Die: Survival in Our Era of Killer Competition*. 1. ed. Nova York: John Wiley & Sons, 2000.

TITUS, Devi. *A Experiência a mesa: o segredo para criar relacionamentos profundos*. Traduzido por Cecília Eller. 1. ed. São Paulo: Mundo Cristão, 2013.

WARREN, Rick. *The Purpose Driven Life: What on Earth Am I Here For?*. 1. ed. Grand Rapids, MI: Zondervan, 2002.

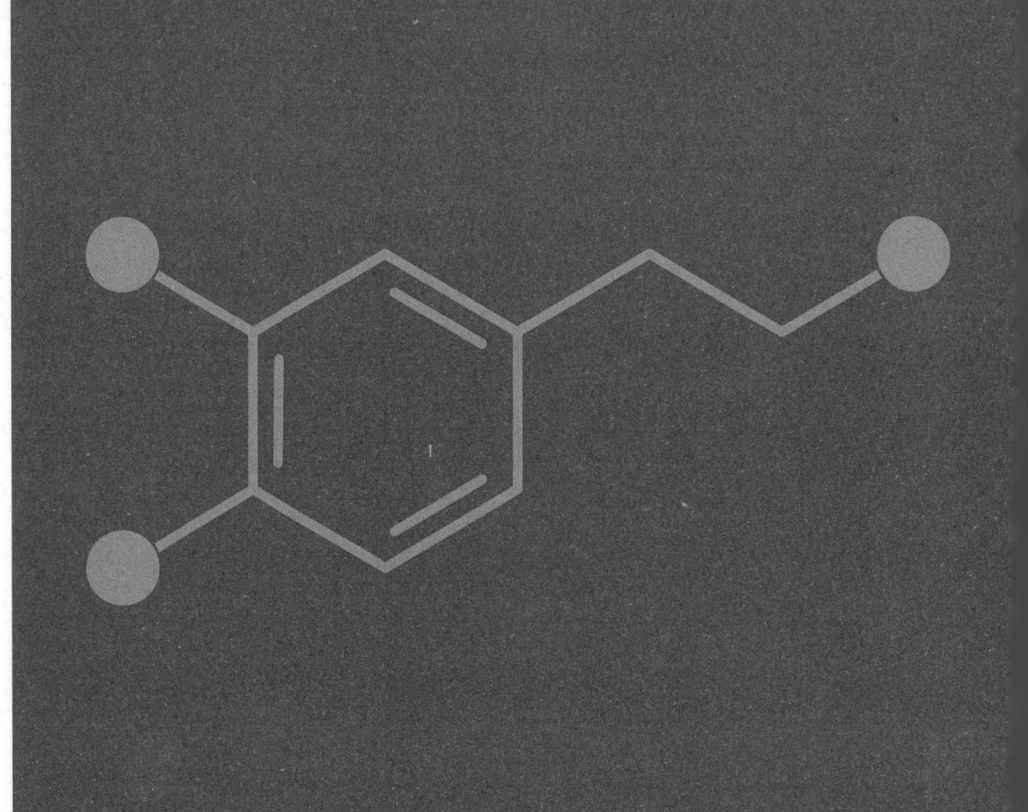

grupo novo século

Compartilhando propósitos e conectando pessoas
Visite nosso site e fique por dentro dos nossos lançamentos:
www.novoseculo.com.br

<ns

facebook/novoseculoeditora
@novoseculoeditora
@NovoSeculo
novo século editora

1º edição
Tiragem
Fonte: Amasis MT Std

gruponovoseculo.com.br